PORONKUSEMA

PORONKUSEMA

Kirjoittanut
Jani Huttunen

Alkuperäisen kannen suunnittelu:

Jani Huttunen

Kannen kuva:

Jani Huttunen

Copyright © 2020 Jani Huttunen

Kustantaja: BoD – Books on Demand, Helsinki, Suomi

Valmistaja: BoD – Books on Demand, Norderstedt, Saksa

ISBN: 978-952-80-2358-6

PORONKUSEMA theme: Jani Huttunen

Akustisella kitaralla tai vaikka vihellellen.

```
e I-------------------------------------------------------
b I-------------------------------------------------------
G I-------------------------------------------------------
D I-------------------------------------------------------
A I ---2------------2-----------3------------3---------
E I -0--0000----0--0000----0--0000----0--0000----

e I-------------------------------------------------------
b I-------------------------------------------------------
G I-------------------------------------------------------
D I-------------------------------------------------------
A I ---2------------2-----------3------------3---------
E I -0--0000----0--0000----0--0000----0--0000----


        e I---------------------------------------------
        b I---------------------------------------------
        G I-----------------------------5------------
        D I----------------------------2---66666----
        A I --11----------8888---------------------
        E I -0--0000----0-----------0---------------
```

SISÄLTÖ

DARRA

Intohimo, niin brutaalin riisuttu kuva itsetyydytyksestä.

Ton verran amalgaamia korvien välissä niin kuinka paljon sitä tavaraa sitten onkin käynyt jalkovälissä? Turhan nopean sovintoseksin ja pikasuihkun jälkeen laitoin samat viikonpäivillä koristellut ja kissamaiset alushousut jalkaani. Minä tuumin asiaa itsekseni. Olihan vissiin juhlapäivä taas tulossa. Ikkunassa oleva tahra kertoi myös siitä, että joku toinenkin vankka boheemi kuluttaja oli istunut tällä samaisella paikalla. Selvät sormenjäljet. Joku näyttelijä mainitsi joskus elokuvassaan, että kuristaminen hanskat kädessä on sama kuin naida kortsulla. Kukakohan? Meni tovi ajatukseen.

Ai saatana! Don Johnson! Lahtelaisen vaatemerkin namupoika se oli! Toinen puhui hurjia ja toinen taisi juosta Stanozololisen lääkeaineen runkatessa veren kierrossa MM-aikaan sadalla metrillä! Eikös sekin ollut Johnson, Joninpoika vapaasti suomeksi. Vittu veljeksilleKö Luhta meni antaa sponsorirahat? Vilkuilin taas ympärilleni. Rannettani kutittava Citizen (Kane) näytti 12. Päivä puolessa ja oli menossa aamupalasta siirtymävaiheen jälkilounas. Ohras. Pizze. Keila. Olut.

Ei mitään sanottavaa tollekkaan. Katseeni rajoittui väkisin makaamisen termein hänen purukalustoonsa. Auh! Hampaisiin. Kehtaakin vielä nauraa suu auki. Mä tiedän mitä se tarkoittaa kun nainen nauraa suu auki. Mua et saa! Noilla betoniporsailla Bondinkin pahamaineinen purijaroisto olisi ollut valkeaa kalpeaa lakanaa. Ei ihme että he keksivät muinoin tukiraudat suuhun ja egyptiläiset tuunas uskomattomat pyamidit. Yritin taas tunkea tukun ajatuksiani sinne ahtaaseen rakoon, joka aamulla muistutti minua, että voisi jo hakea ne sementit taloani varten. Taloa, jonka piti olla valmis jo vuosi sitten. Saatanan byromaanikraatit. Älynväläys, mikä se on? Vittu. No. Annoin kieleni nuolaista angiinan rasittamaa kurkkuani ja yskäisin. Ajatus jo uudesta oluesta mielessäni ja sitten se saatana tapahtui: nainen vastapäätä, rautahammas, kymppikerho, Bond-Lady, joka on todellakin hyväksytty Ruusu, antaa mulle e-mail osoitteensa, jonka se varmaan raapusti alaselkä hiestä märkänä kun mä kävin putkassa. Herran jestas! Kolme vuotta istuttu samassa nurkkapöydässä ja tässä on lasku. Onhan minussa sitä charmanttia otetta niinkuin miehellä pitääkin olla. Joo ja David Dave Mustaine on Mika Häkkisen näköinen. Pakko myöntää. Mä sanoin sille kerran että varmaan ottaa päähän olla vähän lihava. Katos kun ei jää varjoa maahan kun kävelee auringossa. Palaa päälaki ja sitten sattuu. Valmiiksi puretuilla kynsillä raaputtaessa irtoaa vielä sitä hilseen näköistä tavaraa olkapäille. Lisäksi minunkin uskomattomat tarinat Rauta-Hannan älykkyydestä. Tappelun mieli piteenä päädyttiin kerran vahingossa tasapeliin. Filmikamera on parempi kuin digikamera. Kuulemma oli joku kertonut, että musta on mustaa. No pitihän mun mennä taas lisäämään siihen.

Mustaa valkoisellako? Otan lapun käteeni ja nostan sen naamani eteen. Odotan, että kaikki pöydässä olijat näkevät. Kurkkuani alkaa kuumottaa taas ja muut huomaavat sen. Lapun takana alkaa tapahtua ja kiihkeät, kuivat huuleni tanssahtelevat kostuttaen Ferrarin punaiset ikeneni.

"Kumpi se olikaan parempi -kun räkä on jään kirkasta vai voimistelijattaren notkeaa?"

Laitan silmäni kiinni ja odotan hetken. Sitten paukkuu samalla voimalla kun mennettäessäni miehisyyteni yhden laivatarjoilija Liisan hajareisille. Niistän lapun täyteen räkää.

"VauaV!".

Kiljaisen kuin neitsyt. Ei edes tupakansavun polttamat seinät ja nikotiininuuskakatto pysty estämään kiljaisusta syntynyttä kaikua, joka kimpoaa takaisin, Vauav! Hiljaisuus laskeutuu palindromin lailla täyttäen koko ravintolan. Tunnen tuhannen tunturipöllön silmät niskassani ja minussa. Kylmä. Tekisi mieli savuketta. Vaikka viimeiset savuni taisi olla kuulas muisto vai.

Avaan paperin. Tarkkailen ja muste alkaa valua

sormilleni yhtä hitaasti kuin hiekanjyvä kellossa sekoittuen notkeaan räkään. Muistuttaa yllättävän paljon spermaa. Tavaan osoitetta yhä terävästi. Luku- taitoni kuulostaa olevan 4-vuotiaan tasolla. Aplodit eivät ole enää lähellä. No yhtä lähellä kuin seurue, joka äsken istui samassa pöydässä minun kanssa. Huudan perään.
Ei edes kommenttia.

Tuoppi ja pöytä tyhjä. Aurinko edelleen etelässä. As- tun ulos sateeseen ja havaitsen sateenkaaren.
Hoi, olinpas epäkohtelias.

Palataan taaksepäin ja kerrotaan ketä pöydässä tuona hikisenä juhlahumusunnuntai-iltapäivänä istui. Me oltiin sellainen tavallinen The Usual Suspects, niinku epäillyt siitä mahtavasta Bryan Singerin ohjaamasta jenkkileffaklassikosta. Ainoa erotus - me ei oltu niin hyvännäköisiä ja välillä tuntu siltä, että nyt joku taas kusettaa sinua ja hillomunkein voitoin. Puhutaan kuitenkin tuopillisista olutta paikassa nimeltä Darra. Johtajanaan "More Than One Penkin Alle" juotettu Ensio. Sukunimeä ei saa kertoa. Kaunis kaurismies.

Siinä istuu sitten itse Fabian. Oikeanpuoleisella tuolilla. Naama ja silmä mustanharmaana. Oikeasta nimestä ei ole kenelläkään tietoa. Hän on 30-vuo- tias ja ruskettunut alueilta, joita ei näy päälle päin. Olevinaan varsinainen naisten mies uustrendin punamustaraidallisessa tukassaan. Ei pitkä, ei lyhyt.

Ei rusketusraitoja. Kaveri on kuin vanha nuhjuinen märältä haiseva hurtta, jota ei halua silittää punkkien pelko puserossa tai rapsuttaa korvan takaa. Tai jumalauta ottaa pyörimään jo valmiiksi villakoirien valtaamiin nurkkiin.

Kerran yöllä heräsin hyvin ansaitusta luomuhumalastani siihen, että jalkaani nylkytti jokin! Rähmästä märät silmäni todella aukesivat. Toisella taas ne turposivat tuskan huutojen saattelemana kiinni. Puolikovalla nyhjääminen reittä vasten ei vaan ole minun juttuja. Vaikka olen rehellisesti tunnustanut itselleni kokeilevani melkein kaikkea johon notkeudeltani pystyn. Eipä sen jälkeen ole tämän kaverin kanssa sänkyä jaettu. Tyhjän katseen ja kauniiden ajatusteni päätteeksi nyökkään Fabianille. Me kutsumme häntä vaan Fabianiksi.

Hänellä on outo tapa jutustaa ja vääntää ihmisten nimiä omintakeisella typerällä tavalla. Mua se häiritsi kerran. Taisin silloinkin lyödä sitä. Esimerkiksi Rautahammas-Hanna tyttönimeltään. Se on nykyään sitten HännäH. Fabian sai raahattua hänet tähän pöytään. Löytyi hyvästä paikasta! Niin se huuti silmät kirkuen kapinaa ja otti samana iltana turpiin joltain poikajengiltä. Fabian on muuttomiehiä.

Ei muualta. Sen takia se on nukkunut enemmän putkassa öitä kun kotonaan. Kiivas luonne aliravitussa kropassa on yhtä huono kuin jo viikkoja suoliston bakteeritasapainoa vaivannut ripulikakka. Taitaa jätkä olla taas aikas jumissa.

"Fabian?"

Koitan rohkeasti saada häneen kiimaa.

Hanna on nainen. Niin se on väittänyt kaikille jo puolitoista vuotta ja minä en usko sitä. Toi on kummallinen nainen ja on hauskaa välillä seurata munajyrän viinarajan nousua päähän. Sen vain näkee hänen silmistään, jotka alkavat kellastua jo kolmen oluen jälkeen. Siitä enää kuuluisa kivenheitto ja alushousut on märät. Muut taitaa uskoa, koska ovat panneet häntä. Mulle toi on Rautahammas ja sillä siisti. Hänen tapoihinsa kuuluu olla paikalla ja kun hän on, niin aina asiaan kuuluvin menoin. Se, että pitää hametta, toppia ja värjää hiuksia yhtä usein kuin uutta autoa vaihtava ökyrikas kyllästyjä ostaja, ei välttämättä vieläkään tee susta snobia ja varsinkaan naista. Tällä naisella kasvaa ruohikkoa enemmän kuin kesäduunarilla riittää kirkon kulmilla ajettavaa. Kuitenkin. Rautahammas pitää kirjaa yhdynnöistä. Ainoastaan anniskelu- ja nautiskelupaikkojen nurkkapöytien tuolien paremmuudesta ja kestosta. No tästä bointsit kotiin, respect! Homerun mama! Satavarmaa tietoa ei ole mutta huhut kertovat, että Hanna olisi Ension X. Se voisi kertoa sen, että Hanna todellakin löytyi paremmasta paikasta. Ja vitut! Miksi se tuijottaa minua?

Mä käyn kusella.

Vau, sitten minun hyväksymä ja isäni bestiksiä myös. Hän istuu vasemmalla. Äkäinen ja harmaantuva ikämieheksi. Martti. Horoskooppi skorpioni. Tämä kaveri tuli tosiaan kuvioihin nyrkkeilypiirien kautta.

Taisi hän kirjoittaa aktiiviuran loppupuolella jokusen kirjankin nyrkkeilystä ja touhuista kulissien takana. Ikää on ammattilaismatsien verran päälle 50 ja puku pykälässä hän istuu puhuen puhelimeen. Tämä aamupalaveri tässä paikassa oli myös Martin idea. Hän ei juo tällä kertaa olutta vaan jotain kallista portviiniä. Puhelu päättyy mutta pakko jatkaa.

"Dagrraa...ei ole. Monelt sä ehdit?"

Keksiköhän itse vitsin?

Mikä ärsyttää melkein eniten maailmassa? Naurat omalle vitsille ja muut jäävät tuijottamaan sinua Titanicin uponnein jääsilmin. Laitat kiireessä liian pienet sukat jalkaan, joissa ukko- ja pikkuvarpaan kohdalla iso reikä. Olet lentokentällä ja passisi jäi kotiin tietokonepöydälle. Marttia ei enää naurata. Kultahammas vasen 2/21:nen näyttäytyy ja kaikki tietää tarinan. Lepo.

Juha oli saapunut paikalle sillä välin kun käväisin putkan pisuaarilla. Ravistelin tarkoituksella pöntön reunasta ohi. Oli olevinaan hyvä juttu. Mä olin ainoa joka juttelee Juhalle. Sen musamaku on ihan syvältä mutta soittaa se jotenkuten osaa. Oliskos hänellä ollut keikka taas eilen?

"Mitäs Jannu?" Fabian antaa savuelonmerkin ja puuttuu keskusteluun.

"Sano Johnhono." Fabianin kommentti laukkasi ohi yhtä nopeasti raviohjastajan kanssa. Kopoti kopoti kolisi korvissani edelleen. Olikohan jätkä laajentanut Beatlesin tahdissa maailmaansa.

"Niin, olikos porukkaa sitte lopuks?"
Kysyin vaikka olin kuulemma keikalla.

Sain oudon katseen ja unohdin hetkessä mitä olin ky-
synyt. Juha alias John on ikäistään paljon vanhemman
näköinen. Niin kai se muusikoilla naama kuluu kuin
hohtokeilassa kaatamassa iltapäivälehtien naisia. Juha
rupatteli takaisin kun annoin rehellisen panevaa pa-
lautetta hänen maskuliinisesta ulkokuorestaan. Kerran
jätkä väitti mulle olevansa niin hetero, että runkkaa
aina ennen rakastelua ja keikkaa. Juha on kuitenkin
yksi mun monista lapsuudenystävistä, ihan pienestä,
niitä harvoja, ilman karvoja. Hänen kanssaan varas-
tin ekat omat bootsini ja mauttomilla raitapaidoilla
koristeltiin lopuksi tuhoon tuomittu kokonaisuus eli
Looks That Kill. Tätä ennen tapeltiin neppiradan
herruudesta. Mutta parasta tässä kaverissa oli hänen
vastauksensa ala-asteen kissamaiselle opettajalle,
joka sattui kysymään jotain. Yksinkertaisen kaunis
takalaiton heitto joka lennätti Juhan tarkkailuluokan
kautta kympille ja siitä edelleen kauppikseen. Ne vo-
sut kääntää mun pään. Ainoa puheenaihe pakollisilla
välitunneilla muille finninaamoille.
En ole enää varma opettajan nimestä.

"Mutta kirvelee ihan pirusti munasta kun käyn pissal-
la nurkan takana."
Martilla on asiaa ja taas menee multa ohi. Mieti! Jos
et ajattele pillua, et ole keskittynyt.

Anna se lappu. Rauta-Hanna ojentaa minulle lapun, jossa....

KUN NAINEN NAURAA SUU AUKI
(Vähän aikaisemmin)

Ilma on kuin morsiusnaikkonen. Laivan kannella
on mukava paistatella päivää ja antaa ihon grilla-
ta itseään iltaa varten. On vuosi 85, no ei ole. Aika
lähellä. Vanhemmat ovat järjestäneet luxusmatkan
Ruotsiin. Joku faijan karatematsi täällä ikuisessa
homojen kuningasmaassa. Hän on ninja. Mutta ei se
mulle piiskaa antanut vaikka mä pöllin sen nuuskat
ja rahat pienenä poikasena. Pitihän saman ikäisille
näyttää, että on kova ja pelkäämätön jätkä. Isä on al-
kanut häviämään matseja. Hävisi taas ja mä ajattelin,
että tahallaan. Ihan kun sen oma valmentaja taivut-
telisi isää pois tatamilta pomppimasta ja keskittyvän
muihin hommiin tosikovien miesten kanssa. Nyrk-
keilyn pariin. Ei kai faija niin vanha vielä ole? Joku
Martti ja sen kaveri siinä on käynyt juttusilla ja musta
tuntuu, että he ovat triljoona varmasti suklaapoikia.
Ne puhuu sillee ovelasti: vau ja sust näkee. Äitiäni on
myös alkanut harmittamaan noi pyrkyrit ja sen takia
hän näissä paskakekkereissä iltapuvussaan itseään

baaritiskillä heiluttaakin. Ihan tahallaan.

Laineet ja nyt ulkona alkuiltaa ahdisteleva tuuli, ne eivät ole siihen syy jotka tätä pussyboattia keinuttavat. Promillet ja ylikorkeat korkokengät. Minulle tämä reissu tuli ennen aikojaan ja hyvä näin. Kotipuolessa riittää kyselijöitä. Postikorttia en lähettänyt taaskaan. Finnit naamallani ei kutise, mieli nousee korkealle kuin korpilla ja tarkkailen tanssilattian tilannetta. Ei todellakaan tekisi pahaa saada toisen kerran reissulla, jonka takia minä peruin yhdet treffit kotipuolessa. Maija oli pantavan näköinen, minua pari vuotta vanhempi misu. Isot, hyvät tissit sen ikäiseksi. Meni jo. Äidilläkin oli asiaa.

"Miksi kulta?"

"Eihän toi ole normaalia, et kaksi noin eri lajin harrastajaa tulee toimeen keskenään." Minun ajatus laukkaa vähän napaa alempana ja vastaan nopeasti tietämättäni mitä sanon.

"En tiedä".

Äiti näyttää murheelliselta ja yksinäiseltä. Minulla on jo ikää sen verran, joten laukean sanoiksi.

"Oletko saanu isältä?"

Äidin hämmentyneestä hymystä muistan hänen ensimmäiset pullansa, jotka hän leipoi perheellemme. Korvapuusteja, nam!

"Onko isä puhunut jotain?"

Äiti alkaa kuolata koiran lailla nähdessään faijan juttelemassa epäilyttävän helluntalaisseurueen kanssa.

"Minähän en tiedä mistään mitään." Äiti jatkaa.

"Kato nyt, huuh, komea mies."
Äidin hoiperrellessa eteenpäin ajattelin että hyvä,
tuli istuttua biologian tunneilla kun valistettiin ryhty-
mistä seksin saloihin. Olikohan enne, torstaina kumit
jakoon ja perjantaina marjatäyteinen limpsadisco?
Mukit kuumana ja jalkaa hakaten lankkulattiaan.

Minulla alkaa paskan mansikan maku maistua suus-
sa. Herään siihen. Hämärästi muistan lapsuudestani
asioita, mutta eilisen loppuillasta en yhtään mitään.
Katson ranteessani olevassa pokerivoitto Citizenistäni
näyttävän yhdeksän reikä reikä. Aamu ilmeisesti. Yö
meni nopeasti. Isä saapuu unen tunkkaiseen hyttiin.
Pirteänä ja kuulostaakin joltain linnulta.
En saa mitään selvää.

"Katos mukula on heränny, kohta ollaan maissa, että
alas nousta ylös jo, eihän kokopäivää nukuta."

Kysyn kiinnostuneena ja mustat silmänympärykseni
muistuttavat kiikareita.
"Missä äiti?"
"Oltiin aamupalalla, tulee kohta."
Nousen ylös aamustondikseni huutavan pisuhätää.
Painun kiireenvilkkaa vessaan.
Pitihän se arvata että krapulapaska yllätti ja nyt on
olevinaan kiire. Juoksen laivan käytävillä kuin mara-
toonari viimeisiä metrejään tuhansien ihmisten edessä
ja täydeksi ahdetun stadionlehtereiden loppusuoralla.
Ainoa erotus. Kukaan ei hurraa ja tee aaltoja. Olen

hengästynyt, eikä johdu krapulasta. Paska yleiskunto palaa kaloreittain harvaksellaan treenatussa kropassani. Saavutan muut aika nopeasti ja äiti huomauttaa.

"Et sit viittiny vetää vessaa." Lyö lyötyä. Mumisen ja lisään.
"Mitä?"
En tajua, sama kävi joskus fysiikan tunnilla.

"Vilkaise kenkiäsi." Kuului Isän kuivasta suusta.
No siinähän se ratkaisu, tavallaan ei vastausta ja kuitenkin joku pielessä. Tämä ei ole pitkää matematiikkaa. Katson alas. Paskapaperia kengässä. Katson keinokuituista kokolattiamattoa. Eipä sattunut. Naamaan sattuu yhtä paljon kuin hammaslääkärissä käynnin jälkeen. Äiti, Isä, Joku ja Martti katsovat minun pellemäistä kaatumistani nauraen yksinkertaisesti. Huomaan myös kauniin naisen nauravan minulle suu auki uskomattomassa kesävartalossaan ja käteni hamuaa paperia irti kengästäni. Rakastuin välittömästi. Ainostaan paperin tuoksu kädessäni saa ajatukseni harhailemaan samalla tavalla kuin yösuunnistaja etsiessään pimeässä kadonnutta rastiaan. Aivot eivät puhu mitään järkevää. Tapahtui jotain uutta, vahvaa, sähköinen eroottinen tarttuminen minussa. Keräilen itseäni ja matkalaukkua päästäkseni samalle korkeudelle muiden kanssa. Isä auttaa minua. Nainen on valumassa käsistäni kuin satumaailman sininen hetki silmistäni. Ei. Pääsen ylös ja juoksen perään, hengästyn, taas. Laila.

Päärynän muotoinen perse ajaa ajatukseni ja nappaan kuvan puhelimeeni.

SIDS
(Sudden Infant Death Syndrome)

SIDS yhtä kuin Sudden Infant Death Syndrome, niin-
ku kätkyt kuolema. Selittämätön äkkikuolema.
Juhannusjuhlien humussa alkunsa lentänyt sie-
menneste munanjohtimeen ja yhdeksän kuukautta
myöhemmin syntymätodistuksen mukaan kylmän
talven aikaan maailmaamme tullut Bruce Markus Pel-
tonen oli vain kahden kuukauden ikäinen kun hänen
elämänsä valon päätepysäkki oli tullut kesken täydel-
lisen harmoonista yöunta. Tuskin tuskaiset paina-
jaiset olivat ainoat syyt valon sammumiseen sillä
vasta aiemmin päivällä Bruce oli väläytellyt punaisia
ikeniään ja kahden vastapuhjenneen maitohampaan
hymyään maailman kauneimman naisen tittelin arvon
voittaneen käsivarsilla ja tämän tallentuessa kaikkien
suomalaisten aikakausi- ja iltapäivälehtien kuvaajien
tyhjille värinegatiiveille. Kaikki turha julkisuus ja
suuri meteli hälveni juorujen kuvittajien poistuessa
sairaalasta. Yön aikana ja pikkusekunteina tapahtui
jokin. Seuraavana aamuna sairaalahenkilökunnan

löytäessä veljeni kylmän ruumiin oli jäljellä enää surullinen kangastus tuosta mahalla makaavasta elottomasta vauvasta. Tunti, päivä, kuukausi, vuosi ja unohdus. Perheemme ei unohda koskaan. Äiti on kertonut fantasioita, että minulla on ollut isoveli. Äitini itki niitä kertoessaan. Puhuimme veljestäni. Istuin hänen polvellaan ja imin suklaanmakuista tikkaria, joka oli jäänyt syntymäpäiviltäni. Veljeni kuoli jo ennen minun syntymääni. Isää ei näkynyt. Muistan tilanteen yllättävän hyvin. Olin kiimainen kolme vuotias nuorimies, juuri oppinut kävelemisen jalon taidon. Samalla jo aloitin yhden monista lukuisista harrastuksistani: katselemisen naisten hameiden alle. Sen sai kokea äidin ystävätär naapuristamme. Hänen nimeään en tiedä, koska hän ei ole enää käynyt kylässä. Pidän veljeni kuvaa edelleen mukanani lompakossani vaalien hänen muistoaan, pankkikorttien , kelakortin, musaflyereiden, käyntikorttien, bussimatkakortin, käytettyjen elokuva- ja vr-lippujen ja käteisen ulko-ja kotimaan valuutan kanssa. Missäs mun kumit on?

Bruce Markus Peltonen olisi minua viisi vuotta vanhempi ja itse en pidä hänen nimestä. Isälläni taisi omien harrastuksien kautta aamu- ja iltapöytäkeskusteluihin kivuta mukaan oman aikansa idolin suuruus kun nimeä pikkuveijarille valittiin. Niin kutsuttu ässä hihassa. Äidin oli pakko rakastaa faijaa kun hyväksyi nimen, joka polveutuu itämaisen taistelulajien ehdottomalta hiotulta timantilta Bruce Lee:ltä. Myöhemmin. Minä kärsin vähemmän.

On kesän ensimmäisiä sunnuntai-iltapäiviä.
Täysi taksimme ohitti juuri risteyksen, jota me
paikkakuntalaiset kutsumme t-mutkaksi ja joka johtaa
suoraan kotipihaamme.
Omakotitalomme sijaitsee aivan moottoritien välit-
tömässä metelissä meluaitojen vaimentaessa niitä
ruuhka-aikaan. Isääni on harmittanut usein talomme
sijainti, koska hän rakennutti talon tontille, jonka
perheemme sai yhteiskeräyksen tuloksena median
aiheuttamasta kätkytkuolemakohusta.

"Ei silloin tästä moottoritietä menny ohi!"
Olen usein kuullut isän huutavan äidilleni. No talo,
jossa on asuinpinta-alaa 192 neliömetriä sekä alaker-
rassa 100 neliömetriä ja huoneiston kokoonpanossa
5 h, keittiö, 2 kph, isot saunatilat pukuhuoneineen,
kaikki jäi avioerossa äidille.

"Tänään on Brucen syntymäpäivä."
Äiti aloittaa taksin saapuessa omakotitalon pihaan.
Martti katsoo minua ja näyttää siltä, että vain kongin
kaikuva ääni hänen aivoissaan pelastaa minut iskul-
ta alavartaloon. Suojaukseni jäi Darra-ravintolaan.
Martti tavaa.
"Mitäs se tyttö meinas, näytti lupaavalta."
Vastustamaton tunteeni vastaa takaisin.
"Hei, braindead, mä olen vielä naimisissa jos
muistat."

Martti muisti. "Niin oliki joo joo."
Äiti katsoo taustapeilin kautta minua ja hymyilee.
Näen hänen katseessaan toivoa ja onnellisen äidin
yrittäessään puhua meille takapenkkiläisille.

"Martti." Martin huomiokyky on köysissä ja näin
ollen alakynnessä.
Viinin karvas maku ja äkillinen voimakas nousu-
johteinen humalatila estää Marttia vastaamasta artiku-
loiden.

"Sano ex-miehelleni, että tänään on Brucen perin-
teinen illallinen ja et tulisi paikalle joko yksin tai
ystävänsä kanssa ja hei kiitos vielä kun käytit minua
kirkossa."
Äiti nousee autosta pois jättäen naismaisen tuoksun
leijumaan kakan leijaa muistuttavana ja kiusaamaan
taksikuskin hajuhermoa. Itselläni on myös aikaa
tuntea tuoksu ennen kun nousen autosta. Martin
viinialapää alkaa nukkua. Tönäisen hänet hereille.

"Juu juu kerron heti."
Martin silmät ovat puhuvan punaiset ja vakuuttavat
varmasti myös itse ilkeän oikeusjuryn. Hän on mies,
joka ei valehtele edes kehäneliön sisällä. En sano
mitään vaan laitan rauhallisesti taksin oven kiinni.

TYRMÄYS

Hikoilevat sormenpääni liukuvat uudenkarhean matkapuhelimeni näppäimistöllä. Olin vain hetkeä aikaisemmin avannut oven ja tullut vauhdilla sisään tunkkaiseen kaupunkiasuntoomme, jonka olemme yhdessä vaimoni kanssa väliaikaisesti vuokranneet. Itse äänittämäni puhelimen karkea viestiääni saa juoksuni hetkeksi katkeamaan juuri vessan oven eteen. Paskahätä. Yksi viesti saapunut. Pökäleen tippuessa pönttöön ja samalla sen roiskaistessa pakaroilleni kylmää kusipaskaa saan viestin auki. Se on paremmalta minulta, vaimoltani.

Moi Muru. Kivaa ja kaunista täällä. Ollaan tyttöjen kanssa illallisella. Sain ihania uutisia. Soitan myöhemmin. Rakastan sinua.

Vaimoni, Laila Liisa Peltonen on 29-vuotias karting-autojen eli mikroautojen maahantuontiyrityksen toimitusjohtaja. Hänellä on kauniit vihreät silmät, joita pitkät katseita keräävät ja ylöspäin kaartuvat silmäripset täydellisesti täydentävät. Hänen varta-

lon analysointi mittasuhteineen, luustoineen, raken-
teineen tukevat älykkyyttä ja lahjakkuutta. Muodokas
ja minusta muodinluojien unelmatyttö numero one.
Unelmatyttöni viettämässä laatuaikaa sponsorei-
densa ympäröimänä, merituulen säestäessä viini-ja
gourmetiltaa. Puhelimeni värinä iskee minut takaisin
todellisuuteen. Vastaan ja vedän vessan.
"Ni."
"Arvaas who!" Minultakin menee hetki tunnistaa
tämä ääni ja jumitan edelleen vessanpönttöä. Miksi
toi yks pökele tuli takas?

"Fabian?" Kysyn. Hämmentynyt ilmeeni olisi nyt
viimeistään ikuistettu Viljo-nimisen pornolehden
kanteen.

"Minähän se täällä ja kuuntele."

Ovikelloni soi ja aivoni kääntäminen tuntuu edelleen
kipeältä. Oltiin eilen katsomassa Juhan bändiä lop-
puunpalaneella discoklubilla. Mulla oli hauskaa ja
muista en tiedä. Muisti meni.
"Ei saatavana, odotas siinä." Saan oven auki.

"Auts." Mukava nähdä miestä, joka yhä harvemmin
sun oven takana seisoo.
"Millo sä oot tullu takas." Fabian ottaa reilun
askeleen ja painuu sisään kuin kotiinsa alkometrin
värähtäessä ja kotihälytykseni hälyttäessä punaista.

"Äsken jäin tähän eteen, tulin suoraan."
"Jääkaapissa on vielä muutama olut." Fabian ei jätä
sitä herrasmiesmäisesti käyttämättä.
"Voinko ottaa?" Levitän käteni kuin antautuvainen
nainen jalkovälinsä .
"No kerrohan ny." Fabian on jo löytänyt tiensä
sohvalle ja jalkansa sohvapöydälle.
Siinä se istuu maailman kiertäneenä ja käsivarret
palaneena. Jotain on pielessä, uusi tukka maybe? Jät-
kä alkaa laukoa juttua enemmän kuin jääkiekkoilija
mustaa limppua aamutreeneissään.

"Bisinekset ei menny niiku ajattelin, ei ne taida juosta
siellä päin maailmaa". Mulla ei yksinkertaisesti leik-
kaa.
"Mitkä helvetin bisinekset?" Fabian ei kerro totuutta
vaan puhuu paskaa taas.
Sen näkee hänen vastahakatusta valkoisesta
naamasta.
"Hei kamaan, ootsä nähny HännäH?" Naureskelen
ja käyn istumaan. Viimeksi kun se kaksikko toisiaan
nuoleskeli oli myös Ensiolla asiaa.
"En ole nähny ja kuulemma palas ex:n luokse. Minä
en tiedä edes kuka se on ja Ensio sun perään kyseli
ainakin."
Fabian nostaa jalat pois pöydältä ja tulee lähemmäksi
minua.
"Luuletsä et se on Ensio?"
"Vitun komisario, ei kiinnosta." Tönäisen Fabian pois
läheltäni haisemasta. Mä sentään kävin toissapäivänä

suihkussa.

"Kerro sä mulle miksi sä tulit tänne?" Verestä pois juokseva krapula antaa muistutuksen.

Tuli kylmänväreet. Fabian kuiskaa.

"Pyörä hajos toho eteen, yöpaikka to sleep kelpais."

"Mitä?" Rohinasta päätellen äskeinen uudelleen.

"Pyörä hajos toho eteen, yöpaikka to sleep kelpais." En ole yllättynyt yhtään ja lupaan.

"Yks yö ja tän päivän olet vielä mukana loppuun asti." Fabian ei ole herttaiselle tuulella ja koittaa uhitella.

"No en oo." Mieli muuttuu ja antaa periksi jos ei ole syönyt ruokaa yli viikkoon.

Tänään on juhlaillallinen ja mut on kutsuttu, mennään kaupan kautta ja sä lähet mukaan.

Rauhallinen kaiku täyttyy Tonava kaunoisen laskiessa mestarillisia alkutahtejaan. Fabianin mieli on korkealla vaikkakin hänen lauluäänensä ei vastaa sopraanoa tai bassoa, ja jonka sekoittuessa sinfoniaan yhdessä imurin aiheuttaman metelin kanssa tuottaa ongelma-tilanteita ystävänsä äidin luomassa asuininteriöörissä. Yläkerran seinäkaiutin värähtelee ruoantuoksuun äidin lantion luovien ilmaa monsuunin lailla.

"Muistitko tuoda kaupasta sitä kermaa," äiti kysyy tanssahtelevasti minulta. Otan ansaitsemastani kylmästä oluesta huikan ja katson hänen typerää soul-musiikista tuttua liikehdintää.

"En minä muistanu ja missä sun rytmitajus on?"

Uskaliaan monimuotoisen keskustelumme lopettaa äänekäs pamaus alakerrasta. Äitini säikähtää tilannetta kuin Kauhun riivaamat leffan kohtausta konsanaan. "Höhlä, ei kaiken tarvi just mennä oikein." "Fabian!" Lasken alleni. No en, vaan olueni tiskipöydälle ja odotan innolla alakerran ruikuttavaa vastausta. Hiljaista. Samassa äidille joululahjaksi ostetun punakeltaisen ja kananmunan muotoisen munakellon viisari liikahtaa. Naks. Triiitriii.

"Ota kala pois uunista." Katson hämmentyneenä äitiäni ja tiedän voittavani tämän kaksintaistelun. Siirtyessäni nojaamaan antiikin Roomasta tyylin saanutta puun ja metallin yhdistävää turvakaidetta, huomaan Fabianin alakerrassa tupakka suussa. Tässä talossa tupakan polttaminen sisällä on yhtä lailla kielletty niin kuin kantabaareissakin tupakkikoppia lukuun ottamatta. Näytän kansainvälisin käsimerkein ja huidon Fabianille kuin kapellimestari avuttomalle orkesterilleen tietäen, että äiti on hengittämässä kohta niskaan.

"Fabian!" Alhaalta päin tummat hahmot näyttävät pelottavalta ja Fabianin on pakko laittaa käsi suunsa eteen ja piilottaa palava tupakka refleksinomaisesti. Uuhhu, tupakka polttaa suussa ja silmät näkevät nyt paremmin hahmot.

"Mitä kävi?" Äiti ja minä samanaikaisesti. Fabianin kalpea iho alkaa punottaa ja nostaa hikikarpaloita sen pintaan. Farssi alkaa saada päätöksensä kun Fabianin jokamiesluokkaesitys ilmeisiin, eleisiin ja liikkeisiin perustuen saa aikaan käsiä liikuttaen lampun kuvan hiiren pään päälle. Minua naurattaa ja äitini tönäisee minua.

"Lamppu hajosi." Fabian nyökkää häpeilevästi kamoissaan.
"Ota siitä siivouskomerosta imuri. Heti siinä oikealla."
Äiti taas käskee, utelee, kaartelee ja tietää varmasti jo vastauksen. Tai sitten on fossiilia ruvennut kertymään korvien väliin.
"Mites Laila ja onkos kaikki hyvin."
"Voi vittu." Vastaan kuin antaisin vinkkejä uunituoreelle puhelinmyyjälle.
"No no." Äiti ei osta lehteä. Olen hetken hiljaa ja kuuntelen alakerrasta Fabianin viheltelyä. Nanosekunnin ilma jäähtyi ja lataan.
"On kaikki mahtavasti, lähden lähiaikoina itse paikan päälle. Muistatko? Meillä on silloin vuosipäivä? Mentiin kolme vuotta sitten naimisiin. Taisit olla häissäkin? On herkkää, onhan isoveljeni Brucen haamusynttärit."
"Ai että, tules tänne." Siinä sitten jokavuotinen halaus otettiin vastaan keskellä keittiötä mitään multa kysymättä. Värinä taskussani voi tietää hyvää tai pahaa. Kaivan puhelimeni ja olen salaperäinen.
"Kerro." Siirryn kaiteen luokse ja katselen alaspäin.
"Juha moikka, näitsä uutiset?" Näen Fabianin tans-

sivan ilman paitaa ja taas rööki likaisten hampaiden välissä.

"En kai." Yhtä tyhmänä kuin paikkakuntalainen, joka ei tiedä oma kaupunkinsa kadunnimeä kun sitä kysytään.

"Uskomaton pommi siis."

"Mulla ei tuu nyt mieleen muita pommeja kuin Samantha Fox 80-luvulla ja sekin kai oli sitten loppujen lopuksi lesbo."

"Koskettaako tää mua?" Juha ei tajuu mitään kun viilaa jotain progea ja rupee änkyttämään.

"Ne meni sun kämppään, siellä on mellakkapo...."

Lyön luurin kiinni. Muusikot taas kännissä ja soittelee niitä näitä ihmisille. Itsekin muistan soitelleeni sukulaisilleni ympäri maailmaa, että ovat voittaneet Apu-lehden jokavuotisessa arvonnassa 500 euroa jos arvaavat numeron 1 ja 4 väliltä. Ilta oli hauska ja puhelinlasku 500 euroa. Ai niin, oluet vielä päälle.

Tajuan olevani taas likaisella maanpinnalla ja näen Fabianin lapanen pystyssä ja hymyilemässä minulle paskapakkopulla duunin tehtyään.

"Hei pahvi, mutsi sulle maksaa, en minä." Antaisi ruuan lisäksi sen verran sitä rahaa et sais ton hotelliin yöksi. Ajattelen hyvällä.

Auto saapuu pihaan ja valvontakamerat nappaavat kohteen kuin nälkäinen sotilas aseensa jyvälleen. Ovikello soi kauniisti. Äiti on hyvin hermostunut ja pyörii vaarallisesti hyrrän lailla rappusia alas ilman mitään lankaa, josta pitäisin kiinni. Fabian on menossa avaamaan oven ja äitini on eri mieltä. Jonkinlainen transsiin vaipuminen äidillä, koska ei huomaa edes tupakkaa eikä puolialastonta Fabiania.

"Hus."

"Alas mennä siitä." Äitini pysähtyy oven eteen ja katsoo ulos ovisilmästä. Kuiskaa itselleen kuin olisi piilossa pahoilta hengiltä.

"Soita vittu sitä ovikelloa toisen kerran." Hetki tuntuu tuhannelta tunnilta ja yhdeltä yöltä. Taas tämä sama vanha laulu, ajattelen kun katson äitiäni vasten ovea. Ovikello soi. Ding dong.........dong.

Illallinen ei olisi voinut olla kauniimpi tilaisuus ja tämä juhlapöytä kelpaisi itse itsenäisyyspäivää vastaanottaville paskantärkeille poliitikkosnobeille. Namut ovat katettuna tumman, tammesta tehdyn upeasti rustiikkisen ruokailuryhmän päällä jossa on kahdeksan massiivipuista
ja beigellä mikrokankaalla verhoiltua tuolia. Isäni urheilullista olemusta tässä pöydässä näyttelee uusi Armani Collection -puku (ei Emporio) koko 48, Slim Fit. Yksirivinen ja kolme nappia. Väri grafiitinharmaa ja ripaus siniharmaata. Samanlaista harmaata näkyisi olevan myös jäljellä olevissa hiuksissa. Jalkaan sopivat vielä mustat lakerikengät. Äidilläni on yllään klassinen punainen Ranskan Pariisissa mittatyönä tehty juhlapuku. Juttutuokiomme venyi kuminauhamaisesti tervehdyksistä, esittelyistä, piikittelyyn ja

aina väkevästi nautittuun vittuiluun.

"Vittu teitä homoja." Äidin huumoripölyhuiska pölyt-
tää sakeaa ilmaa.
Isäni uusi miesystävä istui yllättävän hiljaa vaikka
onkin jo perhetuttu mutta ei läheinen. Hänen ho-
movartalonsa päällä oli yksinkertainen tumma silk-
kipuku, joka oli teetetty Thaimaassa. Jalassa myös
laakerikengät, joiden koliseva ääni parkettilattiaan
ärsytti minua hänen käydessä toistamiseen kättele-
mässä täystyöllistettyä.

Alkuruokana meidän keittiössä äkäiset juhlasuut
nauttivat:
Paahdettua nieriää, sokerisuolattua nieriää, mari-
noitua nieriää, muhennettua korvasientä, tiristettyä
perunaa ja avokadokreemiä.

"Paskaa." Tokaisi Fabian, joka jättää kylmästi väli-
ruoan väliin vedoten mahakipuun ja odottaen
lihaaaaaaa.
"Huijah, tähän väliin mä käyn vetää kessun."
Normaalisti olisin minäkin istunut pöydässä kuin
kiltti poika olen mutta..tästä on tullut paha tapa.
"Mä lähen seuraks." Nousin pöydästä ja pieruhan se
sieltä reiästä kurkisti äännähdellen matalaa mollia.
Homot ei ole huomaavinaankaan tai sitten ei oikeasti
huomaa.
"Tuttu tuoksu, eipäs kun haju!" Äitini ei kuule kom-
menttia, koska ajatukset ovat seilanneet jo kauan

Välimerellä ilman määränpäätä. Mä sanon, että ajattele sitä maksalaatikkona. Rusinalla vai ilman?

Zipostani ampaiseva kirkas liekki sytyttää huolella käärityn marisätkän. Imuteho Fabianin keuhkoilla saa hiihtäjänkin unohtamaan harjoituskauden korkeapaikan leirinsä. Äkillinen yskiminen lennättää sylkipisaroita paidalleni. Laitan ulko-oven kiinni.

"Hei, mä meen nyt suoraan asiaan, onks sun isä joku hinuri?" Fabianin kädet tärisevät kuin lehdet syystuulessa.

"Siltä näyttäs." Vastaan kylmästi lehtiä tiputtamatta.

"Ei saatana!!! Miksi? Miten se tapahtu?" Fabian alkaa yskiä, ilmeisesti meni vahingossa savua keuhkoihin.

"Vitustako minä tiedän, onhan ne pingviinitkin homoja."

"Pingviinit joo, mut sun isäs on hinuri." Auts!"

"Pidät turpasi kiinni kun mennään takas sisälle."

"Ootsä homppeli?" Fabian on jo yhtä innoissaan kun liian lyhyt ihminen, joka päästetään luvatta vuoristorataan.

"Paska Fabipaviaani!" kuuluu taustalta. En ole varma kuka toi huutaja on, koska unohdin käydä ilmaisessa näöntarkastuksessa.

Fabian tiputtaa marisäkkyrän maahan niin kuin nainen kiimoissaan pikkuhousunsa. Hanna? HännäH vau, on pukeutunut virkattuun valkoiseen liiviin, jossa on hapsut etureunoissa ja helmassa. Sen alla hihaton valkoinen paita ja nännit huutavat lisää katsojia.

Jalassa sopivat farkut matalalla vyötäröllä, kapeine ja leveine bootcut-lahkeineen. Vau, ei uskoisi samaksi naiseksi. Sorry mies, saatana.

Hän tulee hullun lailla kohti ja on käymässä Fabianiin kiinni lyödäkseen häntä.

"Rauhotu saatana." Sanon jyrkästi ja revin HännäHin tukasta kauemmaksi. HännäH puuskuttaa ja näyttäs kuolaavan. Ei ainakaan onnesta. Fabian alkaa taas itkeä virttä yhdestä rakkaistaan nykien alahuultaan elvismäisesti, tiedätsä?

"Sorry HännäH-pupu." Nainen on sulaa vahaa ja levittäytyy paskakasaan pehmeän asfaltin omaisesti. HännäH halaa ja nuolee vuolaasti kuin iloinen koira omistajaansa.

"Ei hypitä." Katson tilannetta ja olo on kuin 6-5 tappiotilanteessa ja minsa jäljellä peliaikaa. Siinäkö se oli. Alahuuli. Keskeytän ja on pakko kysyä.

"Mites Hanna, kun sulla on ollu kaikkien sun opettajien kanssa suhde?"

"Tuntuuko susta siltä, et sä olit koulukiusattu?"
Kuurojen kokouksessakin on enemmän meteliä kun noiden nuoleskelussa.

Äiti aukaisee oven.

"Väliruoka pöydässä. Tulkaas sisään, muut odottaa jo."

Äiti lähti yhtä nopeasti kuin tulikin ovelle ja huudan perään.

"Kata vielä yks paikka."

Väliruoka: vihreä parsakeitto, vuohenjuustoravioli ja

vaalea parsavaahto.

Jollain on vissiin nälkä. Hanna syö miehen lailla.
Pakko pistää stoppi imuroinnille tai muuten toi tam-
ma ahmii itsensä hengiltä.
"Otatko lisää.?" Katson äitiäni hänen ojentaessaan
tarjotinta, et älä nyt saatana ja huomaan samalla isäni
pitävän poikakaverinsa karvaisesta kädestä.
"Marja, olet tehnyt hienon illallisen, kiitos tästä." Isä
on kohtelias niin kuin aina. Hanna pitää myös kohte-
liaista miehistä.

"Voi, niin kauniisti sanottu." Vilkaisen Hannaa ja
takaisin ja takaisin. Hanna runkkaa Fabiania ja hänen
ilme on kuin huonosti kellastuneella katumainoksella.
Isän poikakaverilla on myös asiaa.
"Oikein hienoa, kiitos paljon." Äidin murhaavan
katseen alla kytee sininen liekki ja ilmaan pääsee
virtaamaan vihaa. Kauniita sanoja ei tarvita.
"Pääruoka vielä syömättä ennen jälkiruokaa."
"Uskallatteko ottaa?" Äiti nousee pöydästä ja isäni
auttaa häntä. Fabian haukahtaa ja potkii pöytää. Siltä
osin orgasmi ohi.
"Istu alas." Tokaisen kuiskaten.

Pääruoka: inkiväärivoissa paistettua porsaankaret-
ta, miedosti savustettua porsaanfileetä, friteerattua
porsaankieltä, muhennettua porsaankieltä, paprika-
vaahtoa ja punaviinikastiketta.

Röyhtäyshän tietää pääsääntöisesti sitä, että ruoka on ollut hyvää ja oikein maittavaa. HännäH päästää ilmaan suusta sellaisen hajun, että kakka ei haise miltään.

"Anteeksi." Ei kai nyt tarvi pyytää, ainoastaan silloin kuin ei muna seiso. Kuulin vaan jutun, että HännäH ois halunnu ja kaveri ei onnistunut nostamaan uljasta purjettaan. HännäH hakkas sen jätkän kun se nukku pois syvää känniunta. Aamulla HännäH kerto vaan, et kaatusit taas humalapäissäsi. Kuiva olotila katkeaa taas kun isä alkaa udella multa jotain.

"Hei, poika, kuinkas teidän talo, mulla vois olla suhteita?"

Sorry oli pakko sanoa väliin.

"Ai niiku tässäkin, mäkin tarviin moottoritien mun kotiovelle." Äiti ei voisi nyt olla onnellisempi pojastaan ja nauraa ääneen.

"Hei Sorry kun sanoin." Isä laulaa naurun päälle. Homokaveri jatkaa kertosäettä.

"Kuuntelisit nyt oikeesti, vois olla hyödyllistä tietoa." Äidin nauru yltyy hirmumyrskyksi ja kaikki yhtyvät siihen paitsi isä ja tämän luffe. Maha täynnä nauraminen sattuu enemmän kuin kova kakka, joka ei meinaa tulla. Kyyristyn pöydän päälle ja nauran. Hysteerinen ääni, joka lähtee neljästä suusta saattaa kuulostaa lentokoneen nousulta mutta tämä nousukiito päättyy pakkolaskuun.

"Me mennään naimisiin." Isä on noussut seisomaan ja nostaa vierelleen rakkaan poikaystävänsä.

"Minä ja Lars." Isä suutelee Larsia ja me muut katsomme yhtä maailman kahdeksatta ihmettä. Onko tämä se numero yhdeksän?

"Mitä, koska?" Äiti nousee ja alkaa huojua kuin korkeapaikankammon omaava henkilö. Minä jähmetyn, HännäH hihittelee, Fabian yrjöää lautaselle vähän porsaanfileetä.

"Jälkiruokana ois ollu valkosuklaapannacotta, marja financier ja mansikkalientä, ei kelpaa vai?"

Äidin puhe alkaa lakkoilla pahemmin kuin postin työhönsä kyllästyneet työntekijät. Viesti ei tule perille ja katoaa kokonaan. Äiti kaatuu lattialle ja pyörtyy.

Isä ja Lars (Luffe) suutelevat edelleen. Minä siirryn nopeasti äidin luokse ja tarkistan tilannetta kuin lauantai-illan lottoa. Tarkasti ja moneen kertaan.

"Isä." Muuta apua en osaa pyytää niin moniakin lääkärisarjoja katsoneena.

"Soita ambulanssi."

AMBULANSSI

Aika tuntui menevän hitaasti odottaessamme ambulanssia äidilleni. Soitosta oli kulunut nyt 15 minuuttia.
"Hevoskärryilläkö ne jumalauta tulee." isä huutaa ja Lars rauhoittelee.
"Soita uudelleen."

Fabian ja HännäH ovat ulkona odottamassa ja ohjaamassa ambulanssia oikeaan osoitteeseen joka on juuri saapunut pihaan. Tilanne sisällä on hektinen ilman isän huutamistakin. Olen äidin vierellä polvillani ja kyselen rauhallisesti silittäen samalla hänen päätään.
"Äiti."
"Kuuletko, katso minua." Äiti pystyy jo puhumaan jos haluaa.
Se tuli selväksi kun haukkui isän herätessään äkillisestä koomastaan. Fabian avaa oven ja juoksee vauhdilla sisään. Samalla saapuvat kaksi hoitajaa ja

alkavat ripeästi töihin.

"Kylläpä kesti." Isä kiukkuisena kuin raivo härkä.

Minun vuoroni on avata suuni.

"Rauhotu nyt." Hoitajat laskeutuvat äidin lähelle ja varjo peittää kostuneen näkökenttäni. Siirryn.

"Mikä hänen nimensä on?" Toinen hoitajista puhuu minulle koska taidan olla rauhallisin tässä tilanteessa.

"Marja."

"Äiti valitteli niskaansa myös." Hoitaja nyökkää minulle.

"Marja, pystytkö liikuttamaan jalkojasi?" Äiti yrittää mutta ne liikkuvat jos liikkuvat laisinkaan. Näen Fabianin katsovan äitiäni kasvot valkoisina. Menen hänen luokseen ja ohjaan ulos.

"Kiitos." Fabian alkaa selittää näkemäänsä.

"Äitis pää notkahti oudosti." Katson taakseni ja näen hoitajat äidin luona. Laitan oven kiinni.

"Mä luulen, et nyt on paikalla ammattilaiset." HännäH istuu maassa ja polttaa sätkää ja imuvoimasta huomaa: proammattilainen.

"Vittu, naimisiin." Isä tulee ulos.

"Mitä vittua, naimisiin ja missä. Millo!?" Isän vuoro rauhoitella minua.

"Hei, tää ei ole sun vika. Usko minua. Me rakastetaan toisiamme." Keskeytän äänekkäästi.

"No emmä sitä saatana." Isä halaa minua ja ihme kyllä en pane vastaan. Isä kuiskaa korvaani äänellä, jonka muistan lapsuudestani.

"Mä haluan sut mun bestmaniksi." En kestä ajatusta ja alan itkeä isän olkapäätä vasten kuin pahaa tehnyt pikkupoika.

"Hei, me lähetään Darraan. Soitatko mulle miten on
käyny?" Fabian on ihmeellisen rauhallinen, johtuisi-
kohan siitä kun on lauennut ja pussit tyhjinä?
"Joo joo joo." Niiskutan ja pyyhkäisen räät nenästäni.
Isä ojentaa ystävällisesti paperinpalan minulle.
"Mites Martti?" Ajatukseni alkavat kirkastua kuin sa-
teen jälkeinen auringonpaiste, joka avaa näkymäänsä.
"Martti auttaa sua kaikin tavoin. Martti tietää jo."
"Pitihän se arvata kun juotti mut päiväkänniin
tänään."
Ovi aukeaa ja hoitajat kantavat äidin ulos. Hänen
kalpea naamansa vapisee ja näyttää kuin häntä palel-
taisi.
"Paska tää on sun vika." Näen isän naamasta surua
kun äitiäni viedään vauhdilla ambulanssiin.
"Me tullaan mukaan." Isä näyttää minua ja itseään.
Hoitajat eivät vastusta ja silloin liikkuu. Lars katsoo
meitä ovelta päin.
"Lars, mene hotellille, soitan sinulle sairaalasta
niin voit hakea meidät." Ovi kiinni. Istun ja katson
ikkunasta. Päässäni ei kuulu kuin vaimea sireeniä
muistuttava ääni. Näen hidastetusti mustavalkoisina
Fabianin, HännäHin ja Larsin seisovan pihalla ja
vilkuttaessa minulle. En minä kuole, eikä äiti kuole.
Isäni pitää äitiäni kädestä. Katson äitiäni.
Sireenin kova meteli avaa korvakäytäväni ja ne tuntu-
vat samalla puhdistuvan. Värit. Heilun paikallani kuin
pahimmassakin tungoksessa ambulanssin ohittaessa

muita liikenteessä olevia autoilijoita.

"Onko allergioita?" hoitaja kysyy äidiltä. Hetken hiljaisuus on totuuden merkki.
"Ei ole." Isä vastaa kysymykseen heikolla äänellä.
"Marja olen pahoillani." Äiti kääntää pään pois ja ei halua katsoa isää. Hoitaja käärii äidiltä hihan ylös ja laittaa tipan käsivarteen.
Isä katsoo minua. Olen nyt turhan herkkänä johtuen itseaiheutetusta laskuhumalasta ja käppyrästä. Sellainen mielentila auttaa laukomaan suustaan ihan mitä vaan.
"Äiti, mä hyväksyn tämän, hyväksy sinäkin." No täytyyhän niitä totuuksia ruveta metsästämään ja hakkaamaan irti.
"Millos sä homo meet naimisiin." Kysyn ajatussavottani päätteeksi ja isä ei oikein pidä tästä. Hoitajia naurattaa suoraviivainen kysymykseni ja heitä alkaa kiinnostamaan häiden ajankohta.
Toinen heistä kertoo ääneen ajatuksena, jonka ei olisi ollut pakko tulla ilmi.
"Voikos homot mennä Suomessa naimisiin?" Tilanne alkaa käristyä grillatun makkaran lailla.
"Häät pidetään Ruotsissa viikon päästä." Isä jatkaa jo noloksi kääntynyttä tilannetta.
"Täh!" Minulta pääsee niin sanotusti ilmat ulos.
"Et aikaisemmin sitten kertonut." Suhisen kuin puhjennut pyöränkumi tyhjentyessään.
"Minä en lähde!" Äiti huutaa vihaisesti ja jatkaa.
"Voisit samalla jäädä sinne gaylandiaan."

"Odottakaa nyt. Mä selitän." Isä alkaa kertoa ilta-
satua.

Niin muistan lapsuudestani kun kuuntelen hänen
bassomaista ääntä.

"Häät on virallisesti viikon päästä mutta me ajateltiin
Larsin kanssa niin, että me järjestetään reilun kuukau-
den päästä omat juhlat täällä Suomessa ja sukulaisten
kesken."

"Miten niin sukulaisten." Äiti änkeää mukaan keskus-
teluun.

"Niin suurin osa on tulossa." Isä jatkaa tyynenä
suuremman myrskyn jo pikkuhiljaa laantuessa.

"Siis tajuanko mä nyt oikein, että me tiedetään tästä
viimeisinä." Sherlock Holmesina minulta oiva kysy-
mys. Äiti liittyy samaan kuorosotaan kanssani.

"Kumpis teistä on se mies tässä suhteessa ja päätti,
että me saadaan tietää vasta nyt. Täällä ette järjestä
mitään!" Dramatiikka ei ole kaukana ja jos olisi
kameramiehet ja kulmat valmiina zoomaamaan, niin
kauniit ja rohkeat televisiosarja saisi tästä varteenotet-
tavan kilpailijan. Huomaan nyt hoitajienkin katsovan
ja jännittävän vastausta.

"Hui." Hoitaja sanoo melkein kaatuessaan minua
vasten.

Ambulanssista lähtevä sireenin ääni katkaisee laulu-
joutsenparven auran ja pääsi yllättämään myös meidät
jyrkällä äkkikäännöksellään. Kesäilta on hämärtynyt
ja naamani vasten lasia väsyneet silmäni kurkottavat
näkymää auringosta ja pilvien takaa kurkistavasta
kuusta.

Noi e la LUNA

Palmujen reunustamalla rantakadulla soi katusoittajan kitara ja sen sävelet leijailevat kauniisti meri-ilmaston puhaltaessa vasten Lailan päivittyneitä kasvoja. Lämmin hiekka asfaltilla painuu varpaiden alla. Hameenhelman leikkisä tanssi tuntuu mukavalta lentomatkasta turvonneilla pohkeilla. Käveleminen on ihanaa. Päivä on kulunut nopeasti. Aamiainen hotellilla. Shake - kuntosali. Bisneslounas. Jännittävä veneretki Capo Caccian niemenkärkeen Neptunuksen tippukiviluolalle, jonka kostea ilma auttoi kun auttoikin kuivattamaan hien kainaloista. Yhdeksänreikäisen golfkentän kiertäminen ja sponsoreiden perseiden liukas ja ällöttävä nuoleminen. Hevoskärryillä ajaminen aperitiiville massiivisen ruokahalun herättämiseksi. Gourmetillallinen tyttöjen ja yritysjohtajien kanssa. Muiden äkillisesti karatessa ulkoilmadiskoihin ja Algheron turistisesongin sykkivään yöelämään. Laila on hiljalleen valumassa kohti hotellia. Olkapäätä koristavasta uudesta käsilaukusta kuuluu tuttu ääni. Laila pysähtyy. Viesti.

Rakas! Isä ja Lars naimisiin, äiti sairaalaan, minusta bestman ja suku paikalle. Anteeksi, en pääse sinne. Hyvitän tämän ja rakastan sinua. Näen kuun, näetkö sinä?
Laila katsoo ylöspäin ja jäykältä tuntuva punottava niska on antamassa periksi. Kaukana horisontissa näkyy juustoinen kuu, jonka pinnassa on tummia läikkiä. Virkattu huivi lennähtää Lailan silmien eteen.

VOI VIDDU

Darra Baarin (ma suljettu, ti-su 09-04) edustalla
on perinteinen torstai-illan nyrkkiturnaus jäykän ja
tavaksi tulleen karaoken tauolla. MachoMies ja Fist
Hunninen mättävät toisistaan velat pois kuleksimas-
ta. Keikkabussi kaartaa pihaan ohraisella vauhdilla
ja tappelu päättyy siihen. Yleisömassa, joka käsittää
tappelijat + 1 eivät enää tänä iltana karaokelavalle
nouse ja siitä pitää huolen More Than One Penkin
Alle Ensio. Ension tappavan katseen liukuessa keik-
kabussin kylkeä pitkin Juha ilmestyy bussin ovelle
Jeesuksen lailla tuntemattoman humalassa sattuneen
kivun kiipiessä pitkin jalkaa.
"Ehtiikö vielä nappaa." Ension rannekello naksahtaa
24.00. Juha hyppää maahan ja tekee Nykäset eli
Telemarkit Ahosen tasajalka-alastulon vähentäessä
kiusallisesti tyylipisteitä.
"No Fist? Millos saan velat." Turpa veressä Fist yrit-
tää saada ruohonjuuresta kiinni.
"En tiedä." Juhan hikinen tukka on valunut väsymyk-

sestä turvonneille silmille ja estää näkyvyyttä.
Nahkainen käsi nostaa tukan pois silmien edestä.
"Miks et, ei tää mikää tietovisa vittu ole. Mä sa-
noisin, et huomenna." Juha linkuttaa baariin sisään
yleisömassan hermostuessa ja alkaessa rähinöimään
Ension kanssa. Sisällä myrsky on vasta kehittymässä
Juhan avatessa oven ja astuessaan hien hajuiseen
saluunaan.
"Voi viddu, uskokaa nyt vaan," Fabian selittää
täydelle pöytäseurueelle suun päästäessä enemmän
vaahtoa kuin täyden vaahtosammuttimen. Samaan
aikaan lavalle on nousemassa filosofian maisteri ja
kassaneitinä tunnettu Sirkku 40v.
Toisaalla Martti The Hammer on notkeassa kännissä
ja yrittää jutella tutuille viskit. Peliautomaatin on
illaksi varannut jo kolmatta taloaan ja avioliittoaan
häviävä Erkki. Tiskin takana on uusi naarastulokas
perheeseen, jota Juhan aivot eivät riitä siirtämään
liian pienelle muistitikulle.
"Mikäs siinä, sun nimi?" Juha on hikisen hilpeällä
tuulella. Keikka meni jees ja vihdoinkin saatiin myös
massit. Nyt on varaa ottaa pari kuopposta. Tyttö tiskin
takana tuntee Juhan ja on jonkinlainen fanittaja.
Ujostelee hiukan.

"Tiina, mä tiedän sut. Sä oot Juha ja sä et ole enää
Merjan kanssa." Täh, tää mimmi tietää enemmän kun
mä ite, miten niin en ole Merjan kanssa.
"Miten niin en ole Merjan kanssa ja anna se kalja."
Juha ei enää ole hikisen hilpeällä tuulella ja siirtää

dataa suustaan Tiinan kakkasille korville.

"Miks muijat heittää pikkuhousuja, vittu pikkareita lavalle ja syyttää miehiä pettämisestä keikoilla. Ei miehet heittele alkkareitaan naisartitseille, Saatana ja jos näät sitä Merjaa, ni sano et haistaa hanskaa."

"Etkä sano." Martti on unohtanut naiset ja siirtynyt nuokkumaan tiskin ääreen. Juha imaisee huurteisen kylmästä kaljasta huikat.

"Keikalta tulossa ja viikkokeikat on paskaa." Taustalla Filosofi laulaa mikkiin ja kipale on joku vanha musta hitti 30-luvulta. Martti alkaa taas muistaa ääkkösia ja konsonantteja.

"Tules, tos on meidän pöytä."

"Kassaneiti helvettiin sieltä lavalta." Martin tunteellinen arkku ei ole lukossa ja Kassaneiti saa tuntea sen. Juha pitää Filosofin humoristisesta tulkinnasta ja on menosuunnassa melkein kaataa naisen. Ei itselleen vaan baarin tuhruiselle lattialle.

"Johnhono!" "Johnhono!" Fabianilla on möly päällä ja ahdistelee muita siirtymään ja tekemään tilaa ahtaassa pöydässä. Juhan kolmen promillen notkea kielitaito saa jatkoa.

"Hei, ei kai ny punasta mattoa ois tarvinnu levitellä." Ketään ei Juhan heitot nyt kiinnosta ja jostain päin maailmaa kuuluu karjaisu.

"Täh?" Martti läimäyttää Juhaa niskaan varmoin nyrkkeilijän ottein. Iskuporan voimasta kaljaakin näkyy läikkyvän lattialle.

"Oi sorry, sattuko? Saat mun paikan." Juha ottaa paikan, koska muita ei yksinkertaiselle ole.

Martti pauhaa sinisen napin himoissa. Martti teki virheen ja tuloksena varoitus.

"Johnhono!" "Fabulous!" Fabian huitoo hyttysiä ja ojentaa kättä Juhalle. HännäH pussailee Fabianin kurkimaista kaulaa Juhan kätellessä yhä työtöntä ystäväänsä.

"Mene, go." Fabian herpaantuu ja tönäisee HännäHin tarttuessa kiinni mustekalan voimin. Martti ei pidä naisiin kohdistuvasta komentelusta.

"Annas olla jätkä." Fabian ei halua kuulla ja tarinat Juhan kanssa tuntuvat nyt kiinnostavimmilta kun sankarinviittaa ylleen hamuavalta ja tuskin pystyssä pysyvältä punanaamalta. Martin aivoihin kohdistuneet iskut ja kovaääniset yleisömassat ovat aiheuttaneet painajaismaisen tinnituksen ja keskustelun tasoa on vaikea kuulla.

"Se on homo, usko nyt, häät is coming." Fabian uskottelee Juhalle, joka on paljon vaikeampaa mitä tulee naisiin.

"En ole homo." Martti ääntää kankeasti ja nojaa pöytää vasten.

"Ei me sua tarkoteta." Koko pöytä huutaa samaan aikaan ja hiljentää baarin kuin vasta rakastuneen pariskunnan. Filosofi lopettaa rääkyvän soidinmenonsa ja laskee mikin kaiteen päälle. Peliautomaatti metelöi nihkeän voiton merkiksi ja välkyttää jo himmentyneitä valojaan. Jukeboxista kantautuva rahina kertoo vinyylin vaihdosta sen sisällä. Ensio palaa sisään voittajana. Eikä kaatuneena.

Voi Viddu. Vidun.

KULTAHAMMAS THE HAMMER Mr MARTTI

Alankomaiden Antilleilla 21 leveysastetta pohjoista ja 2 leveysastetta itäistä linjaa on syntynyt Angelina Megan Fox. Passi nro: 21122122 kertoo syntymä-ajaksi helmikuun 21. päivä vuonna 1938. Syntymävuodesta viranomaiset eivät ole täysin tark-koja, koska itse kylääkään ei ole tunnistettu Euroo-passa. Harvinaista ja lisää mysteerin painoarvoa. 21 vuotta myöhemmin Ruotsin toiseksi suurimmassa kaupungissa Göteborgissa, joka sijaitsee Kattegatin itärannalla Götä-joen laskukohdalla Angelina näyt-täytyi aivan lähellä kuuluisan Chalmersin teknillisen korkeakoulun raitiovaunupysäkkiä. Samalla pysäkillä vaunua odotti myös Juhani Pekka Savolainen, 21-vuotias.

Suomen kansalainen ja kaksi kertaa naimisissa ollut nuori sirkustaiteilija ja hatusta kaninkin useaan ot-teeseen vetäjä. Tasan kello 21.00. Omasta mielestään kovana naisten kaatajana kaupungissa nauttivana status koitui taas onnenpäiväksi Juhaninkin kaltaiselle

hurmurille. Kuin aave olisi seisonut siellä! Ihmi-
set jaksavat vieläkin kertoa tuosta päivästä. Juhani
jähmettyi kirjaimellisesti paikalleen. Pientä erekti-
ota lukuun ottamatta liikettä ei juurikaan havaittu.
Aave poistui tasan kahden minuutin yhtäjaksoisen
tuijotuksen päätteeksi. Juhani ei saanut tuota naista
mielestään ja palasi koiran lailla reviirilleen seuraa-
vana päivänä tasan kello 21.00. Turhaan. Periksianta-
maton luonne ja eläimen vaisto ajoi Juhania aina vain
lähemmäksi Angelinan lämpöä. Toisena päivänä tämä
yksinäinen sielu näyttäytyi uudelleen. Siinä hän sei-
soi. Tasan kello 21.00 Juhani lähestyi lyhyin askelin
liikaa huomiota herättämättä, niin hiljaa, kuin muut
nukkuisivat hidastetusti huoneissaan.
"Anteeksi." Nuo elämääkin maagisemmat sanat
saivat Angelinan kääntymään tummien pilvien val-
latessa rannikkokaupungin uljasta taivasta. Ukkonen
karjahti. Satoi kaatamalla. Hänen edessään seisoi
mies, paljaana. Hänellä oli ruusu kädessään. Ruusun
terälehtien jo kastuessa sateesta ja kylmien pisaroiden
tippuessa varpaille, kutittaen niitä, he katsovat uudis-
tuneesti toisiaan. Sade loppuu. Ruusu on muuttunut
sateenvarjoksi Angelinan ja Juhanin ylle. Pysäkki on
hiljaa. Suudelma.
Yhdeksän kuukautta myöhemmin helmikuun 21.
päivä syntyi Savolaisen perheeseen tyypillinen ko-
liikkipoikavauva Martti Juhani Savolainen. Painoa 2
kg ja pituutta 21 cm. Usein iltaan ajoittuvat piinalliset
itkut saivat unelmaperheeseen heti hurisevia säröjä.
21 päivää vauvan kotiin tulosta Juhanin ja Angelinan

yhteinen matka ryypättiin ja rällättiin eroon ja vauva luovutettiin sijaisperheeseen.

Suuressa sijaisperheessä Martin roolimalli kehittyi tyttöjen rullaluistimista nyrkkitappeluihin paikallisten kovakarvanaamojen kanssa. Toistuvat riidat maahanmuuttajien kanssa ajoi Martin nyrkkeilysalille oppia ja kovuutta hakemaan. Vuosien hikoilu, Rope-a-dope itse Muhammed Ali -tyyli, nukkuvat silmät, The Hammer-lempinimi, kipeät rystyset, kova työ ja uurastus palkittiin edustuspaikalla vuotuisessa nyrkkeilytapahtumassa, joka järjestettiin nyt jo 21:n kerran. Turnaus eteni voitosta voittoon ja loppuottelun huutavan huuman hermopeli alkoi punnituksen jälkeisellä tuijotuskisalla. Vastaan asettui 21 voittoa ennen täyttä aikaa otellut urheilija kuumasta Kuuban tasavallasta valmentajanaan kaksinkertainen maailmanmestari Felix Williams. Ottelijoiden silmämunien kohdatessa toisensa ei ollut epäilystäkään tämän turnauksen ylivoimaisen kovasta tasosta. Kaverissa ei jälkeäkään, ei osuman osumaa. Martti puri huulta ja tuumi.

Ensimmäinen erä tunnusteltiin täyden hallin istuessa hiljaa ja avohaavat Martin silmäkulmassa sai lääkärin tarkkailemaan tilannetta. Kongi soi toisen kerran ja Martti ei muistanut mitään ennen kuuluisaa The Hammer-iskuaan. Kroppa oli lopussa kuin bensa hyytyvästä autosta. Kuin hidas kenguru Martti meni eteenpäin kulmasta kulmaan välillä sitoen vastustajaansa. Tuomarikellon puristaessa rannetta kaksi minuuttia ja 21 sekuntia kohutut lähietäisyyden iskut kohtasivat ja vain toinen urheilija poistui kehästä voittajana. The Hammer Martin osuma tiputti pelätyn kuubalaisnyrkkeilijän mutta kaatuessaan kuubalaisen oikea yläkoukku osui Marttia suuhun irrottaen 2/21 vasemman etuhampaan verestävistä ikenistään jo sinisestä punaiseksi muuttuneeseen kanveesiin. The Hammer Mr Martti. Voitto. Tekninen tyrmäys. Tuomari nostaa käden. Kaunis hymy. Lepo.

KISSAKIISTA

Torstai-yö, kiimaa täynnä. Känniräkänauru, jossa
suupielet ovat valkoiset nakkikioskin perunamajonee-
sisafkan limasta ja täysin auki olevista silmistä valuu
keltaista rähmää veren punaiselle liasta ja hiestä
turvonneelle naamalle. Nauru imaisee ilmaa keuhkoi-
hin. Yskitään, hakataan, pyöritään, huidotaan, ollaan
kuolemaisillaan, yritetään sanoa jotain, poljetaan
maahan, otetaan tukea ja sitten se menee ohi. Martti
siristelee märkiä silmiään ja puhaltelee tuloksetto-
masti kuin kireään ilmapalloon, johon ei mene ilmaa
vaikka kuinka tuhiset.
"En usbelieve." Fabian ja Juha ovat samaa mieltä
asiasta ja vastaus on: Risto Ryti oli Suomen viides
presidentti.
"Hei kultahammas, hae lisää olutta." Marttia ei ole
käsketty sitten Irakin sodan, eikä käsketä nytkään jos
ei tule porkkanaa. Tuleehan hevonenkin tyytyväiseksi
porkkanasta.
"Ota itelles samalla."

"Toi on kultaa kogrville, kiitos Juha." Martti noutaa palkinnon tiskiltä.

"Ja seuraavaksi Hanna."

Karaoken vetäjä Samppa alkaa olla lämmin Mondaine Dont Rush-merkkisen kelloviisarin heilahtaessa merkiksi viimeisestä sooloartistista ja että työpäivä on pulkassa ja freebirdit rakastajaa vailla!

"Antakaa aploodit!"

Hannan noustessa ylös muutkin nousevat ja alkavat taputtaa äänekkäästi huutaen.

"Hanna, Hanna!" Kultaisen Viskibassoäänen kantaja Samppa on yleensä jäänyt näissä kekkereissä ilman pimperoa mutta Hanna on testannut hänen kanssaan kuuluttajan tuolin edellisillä pikkujoulun jatkoilla. Biisi taisi olla just sama:)

FreeBird. Taputusten hiljentyessä ja musiikin noustessa Martti kantaa oluet pöytään Ension auttaessa. Fabian on taas rakastunut nähdessään kauniiksi juotua HännäHiä. Silloin kuulemma voi vedota äkilliseen krapulaan kun lähtee naisen vierestä keskellä yötä tai baarista. Ihmiset baarissa katsovat hiljaa esityksen alkusointuja. HännäHin esitys on aina ainutkertainen, koska ei tiedä muistaako hän sanoja, laulaako väärää biisiä, onko mikki päällä, tippuuko toppi ja näkyykö tissi. Mikki ei päällä. Juha tablailee kappaletta mielessään G D Em F C D ja äkkiä koko saluuna on taas normaalin huutamisen vallassa.

"Fabian?" Juhan tekee mieli kysyä Fabianilta, joka nyt suutelee toisen punatukkaisen naisen kanssa. Fabian näkee Juhan pyytävän hilloa mutta ei ylety hyllylle. Juha jatkaa.

"Oikeesti." Fabian nyökkää, kyllä.

"Millo häät?" Fabian nyökkää, ei tiedä. Martti on myös istunut ahtaaseen pöytään ja miehekkäästi puljaa tupakkapiipun kanssa ottaen huomioon kolmannen päivän nousuhumalan. Juhan tietoisuuden epätoivo on hiipinyt päällä olevan nahkatakin helmasta sisään ja asiaan on pakko saada piste iiiiiin päälle.

"Millo ne häät on ja onko jo bändi buukattu paikalle?" Juha katsoo Martin tummiin silmiin, joista ei näy mitään. Kongi on soinut ajat sitten noissa aivoissa ja nyt ne ovat ansaituilla illallisella. Kenenkään häiritsemättä, pöydästä lentävät oluet pitkin lattiaa ja punatukkainen nainen makaa maassa. HännäH repii Fabianin pöydästä ja muut työntävät riitelijät kauemmaksi. Fabianin trenditukka muuttuu hetkessä rasvaiseksi pipotukaksi. Juha ja Martti eivät kiinnostu pienestä nahinasta.

"Menkää kissat ulos raapimaan toisianne." Martti käskee kokeneena eräkettuna.

"Irti now." Fabian rauhoittaa HännäHin ja punatukkainen nainen nousee ylös maasta.

"Hullu, pidä sä huoli omista miehistäs." Punatukkainen nainen karjuu Hannalle ja pyyhkii märkiä housujaan tämän sylkiessä Fabianin päälle ja repiessä hänen uudenkarheaa ruskeaa kirpputorikauluspaitaa.

Ensio on saanut tarpeeksi katsomastaan kanavapujottelusta ja ottaa tilanteen väkisin haltuun.

"Käsky kävi, ni ulos nyt."

"Mitä mä oon tehnyt." Punatukkainen nainen antaa

huomionsa Ensiolle ja hymyilee kuin ensimmäinen perintöprinsessa vaikka jäi ilman päävoittoa ja kruunua. Ension kiivasta luonnetta voi näköjään hieroa kauniilla silmillä ja huulipunan punaisen täyteläisillä huulilla. Ensio raahaa Fabianin ja Hannan ulos saluuna-Darrasta. Sen oven vierustaa komistaa mustavalkoinen omistusnimikirjoituksilla ja mahonkikehyksillä varustettu valokuva Dallas-sarjan mahtisonnista JR:stä. Oven eteen jarruttaa vauhdilla upea VW Passat, jonka etupää huutaa vaimoasikin äänekkäämmin ja pönttö vuotaa öljyä maahan. Autosta nousee ylös Jyrki, joka kovaan ääneen paljastaa korttinsa ja kertoo olevansa Hannan vastavihitty mies. Jyrkin pitäs istua vielä vankilassa vuoden verran mutta taitaa jätkä olla laittomalla iltalomalla niin kun armeijassa on tapana lähteä. Ensio tuntee vanhan kalaystävänsä, joka vain ajautui väärään vasempaan seuraan.

"Mikäs Hanna täällä."

"Mä jo ikävöin sua." Jyrki astelee lähemmäksi ja huomaan hänen vartalossa salituntien uhmaamalla tavalla lisääntyneen. No ei muuten mutta noi bermudan väriset salihousut saa Fabianin nauramaan. Nauru pidentää ikää! Joku viisas on sanonut näin mutta Fabianin kohdalla hän saa nyrkistä päähän ennen kuin huomasikaan. Hanna riuhtoo itsensä irti ja lähtee juosten tilannetta karkuun.

"Sä jätkä naurat viimesen kerran, Hanna!" Jyrki koittaa visertää. Ension ajokoulussa ei mennä läpi jos tekee rikkeitä ja sen saa tuntea Jyrki munuaisissaan. Nyrkki painuu perille yhtä varmasti kuin bussi vie

Lahdesta Riihimäelle.

"Hanna!"

Jyrki vaikeroi maassa ja tämä kipu ei tullut ylettömästä juomisesta.

"Paska."

Fabian nojaa polviinsa ja painaa toisella kädellä silmäänsä. Viileä ulkoilma tuskin laskee Fabianin silmään ilmestynyttä turvotusta. Ensio nostaa sikanaudan ja heittää Jyrkin olkapäälleen.

"Sisältä saat jäitä siihen, vamos." Ensio käskyttää alokas Fabiania.

"Jouh."

Fabian ratsastaa lyötynä takaisin Darraan. Ensio kantaa Jyrkiä kohti autoa ja silmänräpäyksessä VW Passat leimahtaa ilmiliekkeihin nostaen maalin raiskaaman konepellin vasten pikkukivien osumista rikki mennyttä tuulilasia.

SAIRAALA

Hiostavan lämpimän aamuyön pikkutunneilla pääsin takaisin kaupunkikolmioomme isäni ja Larsin kyyditsemässä tummanruskeassa Mersussa äitini jäätyä vielä jatkotutkimuksiin sairaalaan. Sain nukuttua pari pahanhajuisen väkinäistä henkäystä nahkaisella sohvallani. Hieron rähmäisiä ja sinisiä silmiäni, joita kutittaa taas ja valun äänettömästi ryttyisissä vaatteissa keittiöön. Tiputan vanhan kahvinsuodatinpussin punaiselle matolle ja kuivat kahvinpurut leviävät jo valmiiksi likaisille sukilleni. Siemailen ansaittua aamukahvia paljaiden varpaitteni heiluessa c-kasettiradion kanavahaun hakiessa oikeaa megahertsiä ja selaan suurimmasta paikallislehdestä urheilu-uutista, joka tuli samalla ovenaukaisulla kotiimme minun kanssani. Vieläkin tukka unesta tokkurassa ja tuntuu, että en saa kofeiinista ikinä tarpeekseni. Keitän toisen pannullisen. Maanantai.

Katson itseäni peilistä ja huomaan parran taas kasvaneen, tummat ja turvonneet silmänaluset, likaiset hiukset, ryppyisen paidan ja mä haisen! Tunnistettava ääni kertoo sairaalan hissinoven aukeamisesta ja henkilökunnan loputtomasta työkiireestä. Minusta tuntuu, että tämä ei vielä ole minun kerrokseni, jossa jään pois. Painan nappulaa uudestaan.

Äitini on herännyt päiväuniltaan. Hoitajan asettaessa tyynyä äitini turvonneen niskan tueksi saavun tuskaisen kuumaan ja kakanhajuiseen huoneeseen.
"Huh, onpas täällä kuuma." En häiritse tilannetta ja asettelen nopeasti tuomani kukkakimpun yöpöydälle. Siirryn seisomaan sängyn päähän ja odottelen hiljakseen kunnes hoitaja on valmis.
"Ruoka on kello 14.00", hoitaja hoitavalla äänellä.
Äiti on väsynyt mutta lääkkeet antavat autuaan olon ja rauhoittavat petetyksi tulemisen tunteen raivonpuuskaa.
"Olen täällä." Sarkastinen vastaus saa minun hymyhuuleni leviämään - voitinhan pikkupoikana kipsistä tehdyn hymypatsaankin. By the way. Hoitaja poistuu huoneesta ja katsoo minua kun hymyilen viimeistä päivää naamani jähmettyessä kiinni ja hampaani alkaessa punottavista korvistani.
"Toitko mun muistikirjan?" Äiti palauttaa maanpinnalle.
"Ai että, sen takia mun piti tänään tulla."
Laskeutumiseni onnistuu ja jatkan.
"En muistanut, toin kukkia."
"Kukkia, tuot sen huomenna, jooko?"

"Selvä." Äiti alkaa huitoa kädellä minua kohti ja otsani rypistyy.

"Siirry, katson uutisia." Olkani yli huomaan pienen television katon rajassa ja väistyn näkökentältä. Äiti kertaa tapahtumia.

"On karannut taas joku vanki. Tappo kuulemma naapurinsa ja liikku täälläpäin ja nyt onneksi saatu kiinni."

"Millo?" En ole tietoinen asiasta ja sehän johtuu siitä, että luin ainoastaan urheilu-uutiset. Keihäässä kauden kotimainen kärkitulos 88,74.

"Viime yönä ja auta mut ylös, täytyy käydä." Siirryn nopeasti ja otan äidin kädestä kiinni. Hän pääsee ylös kevyesti vaikka niskaa kolottaa.

"Ai että, peräpukamat ja epämukavat." Nyt arvaa miksi noustiin niin ripeästi ja minua alkaa hymyilyttää. Äiti huomaa virneeni.

"Poika, perkele."

"Tää kutitus antaa voimia käsivarteen niin, että pyyhkimisen jälkeen wessassa leijuu ruudin tuoksu kuin vasta ammutusta kivääristä." Taitaa morfiini vaikuttaa äidin juttuihin.

"Äläs nyt. Varovasti."

Autan hänet perille asti ja laitan oven kiinni.

KIRJATTU KIRJE

Maailma, jossa pyörin leijuen ympyrää toistaa it-
seään ja palaa samaan paikkaan aina takaisin, tuntuu
ottavan, kahlitsevan ja lukitsevan minut. Juoksen
henkeni edestä pakoon jotain, jotain joka varmasti on
olemassa. Hirvenmetsästyskausi ja tämän hirvijahdin
pääosassa punatakkinen korkokengin ja minihamein
pukeutunut 80-lukuinen miestranskikkeli. Muistuttaa
minua. Häh! Paniikki pumppaa vereni pois karvaisis-
ta käsivarsistani ja naiset kateellisiksi saavista
sievistä pohkeistani, puuduttaen minut kokonaan.
Tulos. Menin hapoille niin sanotusti pitkänmatkan-
juoksijan termein. Sehän syö mun pään. Auttakaa!
Hirvi syö mun pään!

Vaimea kolahdus katkaisee juuri ensimmäiseen
ensi-iltaansa päässeen nuoren lupaavan ohjaajan
liskoesikoisteoksen. Nightmares. Jotain tuttua tuos-
sa äänessä ja väsyneet aivoni alkavat käsittelemään
aisti-informaation ja tietoisuuden rajapintaa. Posti

tuli! Nousen kärppänä ylös sängystäni täysin alasto-
mana ja suuntaan ulko-ovea kohti, joka on auennut
postin tippuessa lattialle. Mainos. Mainos. Vaimolle.
Kutsu Miss/Mr-Karting tapahtumaan. Valituspalat.
Kirjattu kirje! Minulle. En mä ole tilannu mitään.
Ravaan edestakaisin keittiössäni ilman selkeää aja-
tusta - heräämiseni alkaessa hiipiä taustalla avaten
näkymän ikkunasta naapureilleni, jotka katsovat alas-
tonta minua. Näen uteliaat naapurini blurrin omaisesti
rankkasateen piiskatessa likaista ikkunaa. Häivyn
makuuhuoneeseen. Suu puoliksi auki, sormenpäi-
den rummuttaessa etuhampaitani, yritän keksiä syytä
kirjatulle kirjeelle. Häät, Vaimo! Häätö? Tonttikiistan
päätös! Se sen on pakko olla. Vihdoin saamme vai-
moni kanssa yhteisen kotimme rakentamisen käynti-
in. Hämmennys alkaa kuitenkin kiemurrella ajatuk-
sissani ja nyt käteni liukuu pitkin kuivia huuliani.
Revin ylleni kireät farkut ja t-paidan olettaen sateen
loppuvan ennen kuin suuntaan kohti postia. Aamu-
palkaksi otan lasin vettä ja mukaani passin todistaak-
seni henkilöllisyyteni.

Jättäessäni pyörävajaan jo kauan eläneen ja rikkinäi-
sen maastofillarini, huomaan olevani täysin märkä
saapuessani dallaten postiin ja jonotusnumeroiden
matelevan eteenpäin. Nyt aikaa kuluttaessani ja mär-
kien farkkujen tarrautuessa reisiini kaivan etutas-
kusta käteeni ryppyisen saapumisilmoituksen.
Odotus palkitsee. Virkailija hymyilee leveästi minun
turvonneen naaman ja kostean olemukseni valuessa

tipottain tiskille.

"Tämmönen ois."

Annan saapumisilmoituksen ja katselen ympärilleni toivoen, että kukaan ei tuntisi minua nyt.

”Onko henkilöllisyyspaperit mukana.” Luovutan passini, joka todistaa minut eläväksi virkailijan kynän täyttäessä saapumisilmoituksen tyhjiä kohtia.

"Nimikirjoitus tohon.” Viimeistelen, odotan taas ja saan kouraani ruskean pehmeän paketin.

Kahvinkeittimeni laskiessa viimeisiä vesipisaroitaan kahvipurujen päälle ja tuoksun kivutessa nenänvarresta sisääni katselen edelleen tuota ruskeaa pehmeää pakettia.

Lähettäjän tiedoista huomaan taas yllättäen kielitaitoni ruostuneen. Kaksi jotain. Sakset katkaisevat narun paketin ympäriltä ja ravistelen sitä voimakkaasti. Lattialle tipahtaa sisältö, joka on nätisti muovipussissa. Polvistun. Hymy valtaa minut ja muistan tuon päivän aina ja kuin eilisen. Häämatkamme päättyi tähän kuvaan Malediiveilla ja se on nyt ikuistettuna t-paidassa. Sinä, minä, t-paita ja selässä hää-tour. Vau. Otan Brasilian värit. Ei jumalauta. Taas se alkaa jyristä täristäen ja valuttaa märkää laavaa silmistäni kastellen poskipääni ja antaen suolaisen merivettä muistuttavan maun suuhuni. Itkuhan se sieltä kuiskaa ikävää. Ei helvetti, pakko saada kaljaa, jonka louhin ykkösellä alas.

DESTINY`S CHILD

Hanna oli vielä tuolloin Mäkäräisen perheen ainoa ja
onnellinen 14-vuotias tyttö, joka sai teini-iän jälkeen
paljon halveksuntaa, rautaa ja proteiinia suuhunsa.
Tämä armonpäivä oli ollut Hannan viimeinen päivä
kesäkeskitysleirillä, jossa poikien kanssa nuoleske-
leminen oli ehdottomasti kiellettyä ja nyt hän turha-
maisena odotti kaikenkarvaisten ystäviensä saapu-
mista. Bileet. Hanna istui olohuoneen nahkaisella
sohvalla asuinalueella, joka oli ollut aikoinaan kuu-
luisa talviurheilukisakylä ja josta nyttemmin oli tullut
aavikko ja vitsiksi muodostunut kyläpahanhajuinen.
Kädessään A4-kokoinen tv-guide Hanna naureskeli
itsekseen huumorintajuttomille kaupallisille mainok-
sille ja iltakymmenen jälkeen alkavalle draamalliselle
mustalle komedialle miehestä, jolla meni yksinker-
taisesti vitun loistavasti. Silloinen tv-guide oli kiel-
letty kaikenalaikäisiltä. Tv-guidessa keskiaukeamasta
viisi sivua takaapäin kääntämällä ja vaikeasti aukea-
man vähissä pukeissa olevan viikkotissimimmin

takia. Hannan isän kakka-ja wc-lehti.

"Ainoa ystäväni tässä talossa, joka ei valita hajusta," tuumi isä. Hän oli leskeksi jäämisen jälkeen tavannut uuden kiertopalkintonaisen painonpudottajien jatkokursilla 06 ja oli kuuluisa perinteeksi muodostuneilla kierroksillaan pohjoisen maakunnissa ja tietenkin klassikkomuseoautopäivistään Pälkäneellä, josta Mirkkukin kainalolemuun käpertyi oltuaan ensin autotyttö numero 4.
"Hei, annas se lehti." Isä kiireisesti tyttärelleen ja poistui Bundymaisin pulmumaisin askelin pajamajaansa.

Kavereiden odottelu alkoi tuntua jo alapäässä, josta Hanna oli unohtunut ajaa jo kasvaneet häpykarvansa. Hiki alkoi haista ja tarttua häiritsevästi farkkuihin. Tosin häpykarvojen sheivauksen jälkeinen kutinakin saattoi joskus häiritä nuoren tytön keskittymistä. Hanna oli ikäisekseen ikäistään vanhemman näköinen, tuntuinen ja oloinen. Rinnatkin tosiaan jo c-kuppia ja nännit brunan punaiset kuin teinipojan iltapäiväauringon polttama alaselkä. Pojat saattoivat joskus kiusata mutta eivät tosissaan. Onhan jo Hannan kolmannet ja kivuliaat "munkkihilloviikot" taakse jähmettynyttä elämää. Odotuksen katkaisee isän helpottunut kuiskaus wc:n puolelta. Oven hän jättää aina pikkuruisen raolleen.
"Laita se kymmeneltä alkava mustaleffa nauhotukseen." Äkäinen ja kiukkuinen vastatarjous kuin mui-

naisten Intialaisten makukala markkinoilta.
"Laita ite, mä menen mun huoneeseen."

Tupla on hyvää kun yksin syö, ei kiinni mene nahka-
vyö. Suruaikasuklaa alkaa näkyä finneinä naamassa ja
turhina kiloina lantion seudun kohdalla, johon pojat
niin uskollisesti käsiään vierittelevät ajatuksenaan
herkullinen tie taivaaseen eli pipariin. Hanna nousee
sängyltään ja alkaa sovittamaan iltaa varten vuoden
vanhaa ja hellästi silitystä kaipaavaa kangashamet-
taan. Tarkoitus olisi taas tavata Ensio, joka on kuu-
lemma kova jätkä mutta kädenpuristus isän mukaan
vaikuttaa lääppimiseltä ja tuntui yllättävästi hinurin-
hiplaukselta. Sama kaveri tänä päivänä pistää turpaan
surutta ja huonoja vitsejä hyvin välttäen.
"Mä olen valmis, mennään."

Tunti tien päällä mateli hitaammin kuin sammak-
ko ylittämässä. soraista tietä, etsiessään aurinkoista
kohtaa varjojen seasta kohmeisessa tokkuraoloti-
lassaan. Sitten Hannan aivot rekisteröivät sopivan
murinan ja se ei kuulunut vasta täytetystä vatsasta.
Auto, siis Toyota, joka lennätti kiveä Ension käsissä
kuin tähdenlento revontulien valaistessa yönkirkas-
ta taivasta. Enää ei tuntunut hitaalta, kohmeiselta
vaan antavalta kun auton Toyotalla Suomi kuljettaa
innostui ja auto pysähtyi. Parkki. Seksi. Menkat.
Myöhässä. Iho. (Espanjan kieltä).

ELIITTIKUMPPANIT

Kyllä tää perjantaipaita on komee ja mä. Brasilian-keltainen kantaa minua paremmin kuin keltatautinen, jolta minusta tuntuu astuessani paikalliskyläkapak-kaan, jonka vakiotuoliasiakkaat tuntuvat unohtavan vaimonsa ja samalla huomioivan sisääntuloni parem-min kuin kiimaiset naiset Amsterdamin punaisten lyhtyjen alueella. Ohramainen kosketus aataminomenan tyvessä ei tunne armonantoa ja suuntaan tiskille välittämättä niskapoksahduksista. Vitun vappuheliumpallot, ajattelen, ja tilaan perinteisen pitkän kaavan mukaan. Jallukolli ja pitkä. Takaviistosta megafoniääni visertää epäpuhdasta tunea. Patric, ruotsinkieltä puhuva tuttu kakkahoususnobi ja tämän lisäksi vielä tumma poika, oli jotenkin liian kiimainen ylipitkässä afrokampauksessaan. Painan puuta alkaen seuralaiseksi ja saan ongittua suomenkielellä tietoa ja asiaa, että Patric on kännipäissään sopinut spontaanin romanttiset aikuisviihdetreffit tähän kuppilaan. Hörp-piesseni tovin olutta ja korvieni kuunnellessa viser-rystä, alkaa aikuisesti kusettaa. Laukkaan muiniksena putkaan.

Onnesta mykkänä kusiputkirotkoni tyhjästä olomuo-
totilasta johtuen palaan takaisin pöytään ja huomaan
mustasukkatukkaisen naisen istuvan Patricin seuras-
sa. Kuulenko outoja? Hullut kuulee. Patric väittelee
paremmin vaatimattomasti tohtoriksi ja esittelee
itsensä arvonimeksi Pasin. Olen hiirenhiljaa pattiti-
lanteessa ja ilman kermajuustoa ennen kun käyn taas
muiniksena takaisin istumaan. Mustasukkatukkainen
nainen antaa minulle hymyn silmillään ja toivottaa
tervetulleeksi seuraan, jatkaen sinut mustanpörss-
sinkauppaa sanomalla Patricille.

"Moi Pasi, kiva tavata, mä olen Tiina. Vau tohtori,
minkä alan tohtori?"
Täytyy myöntää, että hetken luulin et näin on, ennen
kuin tajunnan rajamailla viisari raksutti: Vitut toi
Tiina ole, mä tiedän ton. Tiinaksi pukeutunut nainen
jatkaa:
"Ihana toi sun luusto, mustilla miehillä vaan on
paremmat kasvojen piirteet."

Patric on yhtä hangonseksiä ja mun punainen naama-
ni kertoo juuri kurkkuani tukehduttavasta omenan
palasesta.
Yskäisen yhtä terveellisesti kun palveluksen aloittava
varusmies.
"Luusto, kullia sä sillä tarkotat ja sun nimi on Katja."
Epäpuhdas ruotsin- ja suomenkielen sekametelisoppa

on rikkoa ilmamassaa Patricin ja Katjan karjuessa minulle duettoa. Äänen nopeasti ja samalla taajuudella olotilaan vaikuttaen lataan rautaa.

"Tän kaverin nimi on Patric. Patric on muuten töissä postilla ja jakaa aamuisin paikallislehtiä."

Kahden kertaalleen kadonneen sielun aloittaessa uusintakierrosta sisälläni nauraa rätkätän kuin varis ja muistan että Katja oli yksi punatukkainen yläastekampapanoni.

Kävin sen kotonakin ekaa kertaa vähän kuin menettämässä poikuuteni. Olin hölmistynyt sonni ja yhteistuumin kokeilimme kuinka pultti sopii jenkaan ottamatta kivipestyjä nappilewiksiä pois jalasta. Siihen aikaan rakastuttiin samalla kun tultiin ja kun oli tultu niin samalla unohdettiin. Näköaistimukseni aivoissani antaa minulle uutta arvokasta tietoa: Juha on juuri saapunut coverbändiryhmänsä kanssa baariin.

Viimeiseen pisaraan asti herrasmiehen aikein nousen pöydästä turhia välirikkoja aiheuttamatta.

"Ett ögonblick."

Kuuntelen alkavassa nousuhumalatilassa Juhan tarinaa tuijottaen samalla hänen silmiinsä, jotka muuttuvat punaisiksi yhtä intiaanimaisesti kuin kuu muuttuu punaiseksi taivaalla. Tosin Juhan silmät huomattavasti tiheämmin. Kaikesta huolimatta mielessäni pyörii edellisen viikonlopun Englannin valioliigamatsien epäpuhtaat, törkeät ja takaapäin sukille juoksemiset. Minäs vuonna italialainen tikku-Zola aloitti Chelseassa? Tai Gullit, hmm, antaakohan Katja?

"Martti soitti mulle kun ei saanu sua kiinni."
1996, ja kuulen vuorostani Juhan kysymyksen.
"Missä sun puhelin on? Hei, Martti käski soittaa sille
takas."
"Ai no mikäs hätä sillä? Lainaa puhelintas."

Keskustelu Martin kanssa on yhtä epäreilu ja kohtuu-
ton kuin tiukka ratkaisematon täydet erät kestänyt
nyrkkeilyottelu. Martilla on meriittiä vaikka kaikille
antas ja kuitenkaan ei kaveria rekka-ajotunnit junnu-
na paljon kiinnostanut.
Sain jotenkin selvää, että isäni ja Lars lähtevät jo
huomenna Ruotsiin tarkastamaan muuttunutta tilan-
netta ja että meidän muiden olisi myös tarkoitus astua
huomenna iltalaivaan.
Martti handlas loppujen lopuksi tilanteen yllättävän
takasuoran rauhallisesti. Vaikka me muut menisimme
iltalaivalla ja pariskunta edeltä lentäen.
Auttoihan hän mielellään tuntematonta ja eksynyttä
naista kotiovelle ja aina petiin asti. Täytyhän se vielä
kehua, että tumma aamukahvi vaan on parempaa.
"Mogrot."
Aikaa siis on ja tilaan kierroksen tiukkoja väkijuo-
mia. Huomaan pyödässä hiljaisen todistajan, ujon
nuoren kaverin, jonka Perfect Strangersin yksinäinen
soolohyräily alkaa tunkea likaisen harmaita hiuksia
hartioilleni. Ravistan hilseet ilmoille.
"Finnikorva, muukalainen, kukas sä oot!"
Hyräily muuttuu käsillä rummutteluksi. Jätkähän on
multilahjakas.

"Häh?"

Olen ennenkin ollut hämärän rajamailla ja haistanut homeista ruisleipää varmistaakseni totuuden. Juhan aikaisempi esittelykierros bändikavereistaan oli mennyt ohitseni kuin ohi kiitävä kaukojuna. Pillin ääni viheltää feidautuen hitiksi.

"Täs on Samuli, Hannan lapsi."

En usko Jumalaan ja en usko korviani. Yllätävä liike ja hetkessä siemaisen mukin tyhjäksi. Lyön nyrkillä pöytään ja perkele on tiukin kirosana, jonka euforinen tilani kajahtaa vastaukseksi. Olin kerran jo Viljon kannessa. Olisiko nyt Apu-lehden vuoro. Yhdyn rummutteluun ja vasen ilmakitarakäteni alkaa veivata Slayerin Reign in Bloodia hurrikaanin tuhon voimalla, Juhan kirkuessa alkutahdit, kuin kiimainen kollikissa haistaessaan naapurin ei leikatun nartun.

MELKEIN PAINAJAINEN ELM STREETILLÄ

Yö on muuttunut piiskaavaksi kaatosateeksi ja tuntuu kuin vesi sataisi asfaltista kasvoihin ylöspäin estäen hengityksen, joka leijuu yllämme usvan lailla. Hartiavoimia käyttäen kannamme Juhan kanssa Samulia, joka roikkuu meissä kiinni kuin kännisen vastakiihotettu stondis. Samulin känniolomuodostelma muistuttaa kuin kantaisi pahasti haavoittunutta Vietnam-sotilasta ja kengänkärjet ujeltaisivat kovettuneessa kentässä, miinakentässä, jota me kutsumme elokuvakauhuklassikon mukaisesti Elm Streetiksi. Katu oli tyttöjen ja poikien yhteinen pillurallivärisuora silloin kun oltiin tosissaan pinnalla, ja jossa sekä pienet että suuret puukkohippaset olivat viikonloppuisin ensi-illassa. Tälle multiryhmälle tuli paikalliskuppilan viimeinen valomerkki ja ulostautuminen tuntia muita asiakkaita aikaisemmin, vaikka kelloja ei vielä siirrettykään talviaikaan.
"Koita nyt kävellä, helvetti." Juha puuskutti, kännissä ja nälissään.
Ryhmän keskuudessa oli alkanut eripurentaa maha-

laukkumurinan sekoittuessa änkyrähölinään.

"Mennää Adonikselle vetää mässyt." Yks tuskissaan.
"Ei todellakaan, Mujusen mätöt," kitaristi huikkaa.
Mitä nyt tosta sanois. Vittu, mitä ryhmää - noi kaksi
on aivan samaa safkamestaa vuosien takaa ja samat
mätöt molemmissa kun bisnesmies-Mujunen nyt
sattuu pitämään omanaan noita paikkoja. Adoniksella
on vaan yöntumma kaveri ja Mujusella Mujunen ite
vääntämässä pikakelausruokaa nääntyneille päivä- ja
yömyssyasiakkaille. Jumalauta ajattelen - kerran olin
ristikkoa täyttäessäni yhtä tulista tappuraa.
"Mujunen."
Jotain änkytystä vastaan kuulen tuulen hipaisevan
korvaani rankkasateen raivotessa ja hetkeksi ote lipee
Samulista. Juha ja Samuli alkavat horjahdella lisää ja
heidän jalat pettävät alta kuin myrskyssä katkenneet
puut, kaatuen hiljaa mutta satavarmasti.
"Mujuseen saatana." Raivoan läpimärkänä.

Kun hetki lyö, se lyö. Sateen seassa likomärät silmäni
hakevat tarkennusta ja tuntuu, kuin katsoisi vasten
tulikuumaa armontonta aurinkoa. Hahmon hidastettu
liike johtuu humalatilasta ja kun elokuvan loppu-
tekstit ovat edes alkaneet, huutaa Samuli kurkustaan
kivuliasta suden ulvontaa.
"Mitä tapahtu?"
Aplodeja, täh. Hahmon juoksua säestää aplodin kuu-
loinen
poiskarkaava äänivalli kun jalka osuu tulvivan veden

alla asfaltiin, johon sekoittuu verta ja veripisaroita. Runsas vesimäärä hukuttaa veren näkymättömiin jalkojeni alla ja käännyn huolestuneena katsomaan Juhan ja Samulin suuntaan.

"Mitä vittu tapahtu, potkasko se?" Juha rimpuilee ylös vierelleni yhtä varmasti kuin sormet rimpuilevat röökiä kostean kurttuisesta tupakka-askista kastuneiden farkkujen takataskusta.

"Ei, astu Samulin naaman päälle. Vahinko."

Samulin keräillessä itseään veriset kädet legokalustoillaan emme voi olla kuulematta naisen kiimankiukkuista kiroiluhelvettiä, joka yhtyy pikkupojan itkuun. Näyttää siltä kuin kuolaimet olisivat vaahdottaneet naisen suun ja läähätyksen lähestyessä alkaa naurattamaan kun huomaan kastuneen mustasukkatukkaisen Katjan kompuroivan luoksemme.

"Patric, paskapää."

Keskeytän tilanteen yhtä nopeasti kuin aviolittoonvihkimisen yhteydessä hääpappi kysyisi häävierailta. "Onko jollain tätä liittoa vastaan?"

"Oliks toi Patric.? Heh, ei ihme, että ei näkyny muuta kun kangastus mutta kovaa se meni tost ohi."

Laskeudumme Juhan kanssa alas ja tartumme kiinni Samuliin paremmin kuin huonolla sadetuulella oleva aviopari -mustasukkatukkaisen Katjan heitellessä anekdoottejaan.

"Se kävi lääppii. Läpsäsin vaan hiljaa, en mä pahalla."

Vaikka nyt ei ole joulu alkaa rankkasade hellittämään

tiukkaa otettaan ja sade muuttuu ropinaksi.

Avaan kastunutta esiverhoa.

"Mitä odotit?

"Erätaukoa?" Nuolit siellä baarissa sitä enemmän kuin nälkäinen koira joululahjaksi isännältään saamaansa puruluuta. Mitäs otat luun pois?"

Katja raapii polvessaan olevaa pikkuhaavaa. Toikkarointi on purrut rikki mustat verkkopitsiset silikonitaustaiset stay-up sukkahousut. Juhan mustalla huumorilla ei ole turvarajaa.

"Kylläs känninen poika painaa. No onneks enemmän kun se saksalainen kaveri, jonka silikonista pumpattu muna painaa kolme kiloa."

Valo, joka nyt paistaa tunnelin päästä on Mujusen mättömestan ikkunasta heijastuva sininen hetkemme ja sinne käy illan päätteeksi ryhmämme ristiretkemme.

"Mennää nappaa jotain mukaan."

BON VOYAGE

Aaaah, niska on jäykkä ja koitan kääntyä kyljelleni tässä deliriumin porteilla olevassa olotilassani. Tuntuu ahtaalta ja vasen käteni on puutunut. Se vaikeuttaa siirtymistä paikassa, jossa tunnistan olleeni aikaisemminkin. Raaputan niskaani, josta käteni pikkuhiljaa siirtyy korvan taakse. Tuntuuko eläimistä itsensä tyydyttäminen raaputtamalla näin hyvältä? Suutani kuivaa ja kroppani tarvitsee vettä yhtä paljon kuin kuivunut mies aavikolla. Siirryn edelleen ja nahkasohva alkaa natista hetekapanon lailla hämärän huoneen valossa, joka paljastuu alas vedettyjen verhojen tunnelmavalosta.

Äkkään hikisen ihon vasten ihoani. Niska notkahtaa olkapäätäni vasten ja olen nukahtamassa uudelleen kuin kipinävuorossa oleva sotilas. Silmäni aukeavat hetkessä yhtä suureksi kuin neitsytvaginan nähdessä ekan kerran peniksen pään.

"Mitä vittua," kuiskaan itselleni.
Sakset, kivi, paperi, sakset, skorpioni, saatavana.

Pölkky lyö särkevää päätäni samalla teholla, jolla jokerilyöjä pesäpalloa pesäpallo-ottelun ajolähtötilanteessa. Katjan paljas jalka jalkaani vasten nostaa jo ahdistunutta tuskanhikeä entisestään ja kouraisen muniani. Jes! Kalsarit ovat edelleen jalassa. Mutta epävarmuus hiipii puseroon ja nanosekunnissa roikun Katjan helmassa kiinni kuin ensimmäistä päivää taloudessa oleva kissanpentu tehdessään vaikutusta, tuttavuutta uuteen kotiin.

"Huh," kuiskaan edelleen itsekseni.

Nyt muisti alkaa palata pätkien ja napsuu aivoihini samallalailla kuin pölypallon osuessa timanttineulaan levysoittimessa. Multiryhmä + Katja asettuivat taloksi Juhan luokse jättäen märät vaatteet ovien päälle kuivumaan. Tämän jälkeen söimme, joimme, tanssimme ja yllätys; sammuimme. Vapautan itseni unesta ja nousen varovasti pois sohvalta herättämättä ZombiKatjaa. Taustalla kuulen television ääntä, joka kantaa monotonisesti olohuoneeseen. Uteliaisuuteni saa minut valumaan laavamaisesti kohti ääntä ja samalla astun Samulin päälle, joka on sammunut lattialle.

"Sorry." Hiljaisuus.

Nyt ois sokean opaskoira poikaa, mietin, kun hoipertelen pimeässä huoneessa tunnustellen ovien päälle, housujani etsien. Tsekkiläinen armeijavyöni kolahtaa ovea vasten, bingo.

TSEKKILÄINEN ARMEIJAVYÖ

Kellon näyttäessä 03.00 digitaalinen herätyskello
alkoi mumisemaan ja soittamaan yöradiota Hämeen-
kyrössä sijaitsevassa pienessä vuokrakaksiossa.
Herään herätyksen lisäksi johonkin paskalauluun ja
haistan yököttävän kissankusen sieraimissa. Miau.
Kolli hyppää rintani päälle ja unimatti heittäisi
lisää hiekkaa mutta en anna periksi. Määh. Herätän
silloisen ja ensimmäisen tyttöystäväni Anun, jon-
ka löysin tästä kylästä ja samasta koulusta, jossa
opiskelin tekniikan-alan sukuhaluututkintoa. Meidän
olisi tarkoitus lähteä yhdessä bussimatkalle Prahaan,
jossa kuuluisat katumuusikot, pilapiirtäjät, huijarit ja
humaltuneet turistit hurmaavat kuvankauniilla Kaar-
lensillalla.

"Herää ja siivoa toi kissankusi." Nousin sängystä
kohti keittiötä ja menin unimattitokkurassa keit-
tämään kolumbialaista sumppia, jonka sain luokkaka-
veriltani hullun hauskoilla luokkamme pikkujouluilla.
Tiedoksi vaan tässä vaiheessa, että kyllästyin täällä

olemiseen aikas nopeasti ja jätin taakseni tytön ja tutkinnon.

Aamutoimia tehdessäni Anu oli vihdoin herännyt ja ampuu ampiaisen lailla vessaan kuin haulikolla ammuttu kana.

Kook kook kok kok.

"Siivoa ite kollis kusi, saatana." Tytössä on tosiaan blondin tempperamettia ja runkopatjaulkonäköä mutta on välillä myös niin idioottikusipää kuin vaan olla voi. Teinilovea ja pitihän mun kaapata tämän kylän kaunein mimmitissi.

"Eiköhän yhdessä haettu toi ja sun vuoros," huudan takaisin teiniäänenmurroksellani. Se siitä shitten.

Matkalaukut. Ovi kiinni ja kävellen linja-autoasemalle. Vaikka matkaa ei ole kuin puolikilometriä alkaa taas kana kotkottaa, että palelee ja miksi ei menty johonkin lämpimään. Ei voisi vähempää korviani kiinnostaa ja pidän tylysti turpani kiinni jatkaen matkaa muutaman metrin edellä. Linja-auto oli ajallaan paikalla ja sen huomattuani laitoin nopeasti laukun tavaratilaan ja menin bussiin, jossa aloitin välittömästi ottamaan luottamusta eli viinaa. Anu laukkasi perääni ja kaatoi varmaa monta puomia tullessaan. Jäkätys oli kuin vanhan piian, joka ei ollut nainu sitten jatkosodan vaikka edellisenä iltana siinä ilman kynttilänvaloa kuksittiin. Istui kuitenkin viereeni ja pyysi kulausta jaloviinapullostani. Tiesinhän minä, että kannattaa antaa niin voi olla että pääsee taas pukille.

"Tervetuloa Roihasen kuljetuksen matkalle Prahaan. Matka alkaa Hämeenkyröstä kohti Helsinkiä, josta laivalla Tallinnaan ja sieltä Eurooppatielle E67, joka tunnetaan myös nimellä Via Baltica. Sitä pitkin Prahaan, johon saavumme tiistaina kello 15.00 paikallista aikaa. Bussissa teitä palvelee Pentti Mäkiaho ja bussissa tarjoillaan ruokaa. Vesipiste on bussin keskiosassa ja takaosassa wc.
"Hyvää matkaa." Sama lätinä tais tulla ralliruotsiksi kun Pentti tais tykätä enemmän omasta äänestään kuin keski-ikäisistä munankipeistä yksinhuoltajanaisista.

Heräsin niska puuduksissa ja kuola ikkunassa. Mieli oli hilpeä kunnes kuskimme Pentti alkoi taas laulaa.

"Saavumme Prahaan tunnin kuluttua."
Olisi edes miehekäs ääni. Murjotan itseksi ja samalla huomaan, että Anu ei enää istu vierelläni. Nousen ylös ja nojaan penkkiin etsien katseellaani Anua.
Ei nyt luulisi olevan vaikea löytää pitkähiuksista blondia näiltä senioritorimarkkinoilta. Olkapäätäni koskettaa hento ote ja Anu on yhtä naatalinaurinkoa, änkyräkänniä ja änkeää ikkunapaikalle.

"Siirry, anna mun istua ikkunapaikalle mun pikku Ridge."

Voi jumalauta, mikä helvetin Ridge. Mulla on tukka kuin kasaripimppimagneetti Bon Jovilla ja vaalean-ruskea. Anu on pahemmin koukussa kauniisiin ja rohkeisiin kuin Tenojoella saaliiksi jäänyt upea 20-ki-loinen suurlohi. Thorne.

Saavumme Prahaan. Tämä on ensimmäinen kertani tuossa kulttuuria kukkivan tuoksuisessa kylässä. Linja-auto pysähtyy hotellimme eteen, joka näyttää arkkitehtoorisesti kuninkaalliselta. Kukkaisella tuule-lla on myös Anu, joka kaatuu maahan astuessaan ulos bussista. Tulen nolona perässä ja koitan nostaa ylös neitokaista, jonka hame on korvissa ja tietenkin naku-na. Hän kun ei käytä alushousuja kun ne eivät tunnu oikeelta kun olen niin vegaania. Muut matkustajat ovat vanhempaa ikäryhmää eivätkä anna tilanteen haitata päivää vaan poistuvat yksitellen rauhallisesti hotellin aulaan.
Kuulen huutoa kadun toiselta puolelta ja huomaan, että pari kaveria on hakkaamassa jotain nuorta sotilasta. Mähän en hyväksy sitä ja ryntään auttamaan kaveria! Ensiksi potkaisen yhtä munuaisiin tiput-taen tämän ja hyppään suoraan toisen päälle kaataen tämän maahan. Onneksi olin tavannut ennen opiske-luuni lähtöä isän ystävän Martin, joka oli opettanut minulle nyrkkeilyn alkeita pimein voimin. Pistän kaverin lihapullamuusiksi siinä kadulla ja sotilas estää minua tappamasta. Hän vetää minut pois kave-rin päältä, nyrkit ovat veressä ja rystyset murtuneet. Hakkaajat juoksevat karkuun kuin siviilit pommien

ulvoessa pommikoneiden pommittaessa toisessa maailman sodassa. Tipahdan perseelleni ja tankki on tyhjä mutta käy vielä vapaalla. Puuskutan ja katson ylöspäin. Näen sotilaan riisuvan vyötään ja luovuttavan sen minulle ja puhuvan kieltä, jota en ymmärrä lainkaan. Hän poistuu paniikissa juosten paikalta kuin elokuvien pankkiryöstäjä armeijanvihreässä puvussaan ja koitan huutaa perään, mutta en saa sanakaan sanotuksi. Ihmettelen koko tilannetta kuin lauantai-Jokerissa ilman voittoa jäänyt himopelaaja ja nousen nopeasti ylös ja palaan huomiota herättämättä Anun luokse. Kana oli sammunut maahan hotellin edustalle. Tietenkin ja kuten odottaa saattoi pikkupisut alleen laskeneena hän on ainakin saanut olla rauhassa näpistelijägigoloilta.

Itse vyö on siis noin viitisen senttiä leveä, paksusta luonnonruskeasta nahasta valmistettu Tsekkiarmeijan 50-luvun remeli.

SO LONGISTI

Vedän housuja hitaasti rapinan voimistuessa ja hölmön tunteen hiipiessä veren pysättävästi. Mulkaisen ranteessani hiertävää kanea. Damn, kello on jo 16 reikä reikä.

Häslääminen alkaa ja tiputan housut nopeasti oven päältä lahkeiden kaataessa lattialle Tallinnasta viinarallin mukana tuodun A.Le Coq – halpaoluen. Väljähtynyt lemu nostaa suuhuni palan Mujusen erikoista.

Olo on kuin ilmavoimien lentäjällä ja pakenen paikalta juosten paljasjaloin kylmälle nurmikolle, joka saa varpaani tunnottomaksi.

Läps Läps Läps Läps . Olen nopeampi kun Trinidad-Tobagon tummahipiä Ato Boldon.

"Terve, Flying Finn illaksi kotiin." Joku moituttu paskantärkeellä ostoskeskuksen parkkipaikalla.

Ovi auki, huudan sisälläni ja ryntään kotiini rajummin kuin hirvittävässä kärpäsparvikakkahädässä. Puhelin soi ja paniikissa ravaan ympäri kämppää etsien kultaluuria. Sohvapöydällä lehtikasan alla liikkuu hiiren lailla jotain. Siellä.

"Jes," huohotan. Martti ei.

"Missä helvetissä ootte, oon soittanu ainakin kymmenen kertaa. Bussi lähtee puolentoista tunnin päästä." Koitan änkyttää päälle.

"Meni..ja kotona.." Martilla kuuluisa pillin vihellys aloittaa erän.

"Piiiip, haen sut viidentoista minuutin päästä ni mennään hakemaan äitis."

Luuri tuuttaa tyhjässä päässä sydämenlyöntien kouraistessa rintaani. Nyt on kiire laittaa kaveri matkakuntoon. Aja parta. Silitä paita ja vitut. Näppäilen salamannopeasti Juhan numeron ja laitan puhelimen kuulokkeen päälle. Taisi vastata vahingossa koska nyt en nauti toisten krapulapanoäänistä.

"Juha!" Odotan.

"Jooh," hihkaisee kuin villi sydäntensärkijä.

"Bussi lähtee puolentoista tunnin päästä. Pistä jääkelkkaryhmä valmiiksi ja asemalle."

Juhalle hatunnosto jos kerran antoi seisottaa ja panetti. Meinaa nuo tämän paikkakunnan kamatytöt, kuten Katja olla sellaisia, että jos tunti sitten nait jossain, ni likka oli varmasti vähän ajan päästä muualla eri vaatteet päällä - jos oli vaatteita ollenkaan.

Puolen tunnin päästä olen jo tunnon voimissani ja tunkemassa putkikassia kyttäsaabin ahtaaseen takakontiin viinahöyryn alkaessa taas ärsyttää nenääni. Yskäisen.

"Älä naagrmuta autoa." Martin ujo ärrävika ägrjähtää.
Avaan riuhtaisemalla putkikassin vetoketjun auki
ja nappaan sieltä ansaitun kylmän lonkeron, jonka
nostan hikipisaroita valuttavalle otsalleni subbarin
nuollessa Bobby Womackin Across 110th Streetiä.
Takakontti kiinni ja mars marssia autoon.

"Mahti ralli Martti."
Istun kartturin puolelle ja avaan lonkeron, jonka
Martti nappaa kädestäni ja heittää haikailematta auto-
ikkunasta ulos.

"Mitä helvettiä." Koitan näyttää sampolta, jolta Mart-
ti aikoinaan hakkas rahat pois kuleksimasta. Martin
tuijotus on kuin nuoren urostiikerin katse ja mahtilapa
heilahtaa jo valmiiksi pikkuisen punottavaan nenän-
varteeni.

"Hey see, Eye Of The Tiger."
Hipaisu saa silmäni näkemään Otavan ja vuotamaan
kuin pikkulapsella, jolta on juuri kielletty lauantai-
karkkipäivä.

"Älä pillitä siinä, katos toin sulle jotain."
Martin huumori kukkii ja juoppokaverinakin kelpo
veikko kolauttaa olkapäätäni jatkaen siitä taputuksek-
si.

"Takapenkillä on kylmälaukku, piiip, ota sieltä." Jos
piste on iin päällä niin nyt on. Autoradiossa soi Eye
Of The Tiger. Täh Tä Tä Täh.

"Mä käyn nopeesti hakee mutsin, aja tonne taakse."

Jään autosta ulos ja varmistan, että Martti ajaa oikeaan suuntaan. Viittoilen kädelläni hänelle kuin kuurot toisilleen.

"Tonne!" Dorka.

Otan sairaalan pihassa kylmästi ja veryttelemättä juoksuaskelia ja suuntaan pääovelle kun rinnassa alkaa tuntua ampiaisenpistoa. En mä mikään Lasse Viren ole ja kaatumatta muutan juoksun kävelyksi mennessäni sairaalan liukuovista sisään. Pikkuisessa laskuhiprakassa tulee silloin tällöin vihelleltyä niin, että sitä ei huomaakaan ennen kuin muut. Siinä vaan kävellessäni rentona kohti hissejä puhallan Kwai-joen siltaa ja napsuttelen ärsyttävästi sormiani sopivasti epätahtiin. Hissin edessä odottelu tuntuu varmasti leppoisammalta kuin tulevasta isästä, joka odottaa monituntiseksi venyvää esikoisena syntymää. Siltikin rauhattomat käteni rummuttavat nyt reisiäni. Bling.

Vihdoin saavun äidin huoneen eteen ja avaan hiljaa ovea jos vaikka äiti olisi pikkunokosilla. Raotan ovea lisää ja kurkistan. Hetkellinen valkoinen välähdys aivoissani tajuaa huoneen olevan tyhjä. Menen huoneeseen, jähmetyn ja alan vapista paikoillani. Menee tovi ja seison kuin odottaisin pakkasessa bussia, joka ei tule.

"Mitä täällä on tapahtunut, tulinko väärän huoneeseen." Ajatukseni laukkaavat poolokentällä.

Lähden pois ja katson oven numeroa, joka näyttää yhdeksän. On oikea huone. Paniikissa pysäytän lähestyvän nuorehkon hoitajanaisen.

"Hei hei, missä mun äiti, Marja Peltonen?" Tartun hoitajaa kädestä kiinni ja tajuan heti laskea irti koska nainen säihkähtää ja säpsähtää.

"Huone yhdeksän ja Marja Peltonen." Hoitaja alkaa rauhoittua ja rauhoitella minua.

"Tule perässä niin käydään katsomassa mitä tietoa tuonne on jätetty."

Kävelemme peräkanaa ja seuraan hoitajaa toimistoon, jossa on myös muita hoitajia tekemässä työtään.

"Mies tässä kysyy Marja Peltosen tilasta, hän oli huoneessa yhdeksän." Vanhempi hoitaja raudan rauhaisella äänellä jatkaa minulle.

"Marja Peltosta tuodaan juuri pois teho-osastolta." Keskeytän koska en kuule muuta sanaa kuin teho-osasto ja jenkkisarjaa katsoneena ajattelen pahinta.

"Teho-osastolla." Vanhempi hoitaja tulee luokseni ja ohjaa minut pois huoneesta.

"Tule, Marja tuodaan juuri pois sieltä ja voit mennä rauhassa odottamaan tuohon käytävälle."

Istun alas penkille ja samalla huomaan kun paareja tuodaan minua kohti. Äiti makaa levollisena. Nousen ylös ja menen auttamaan hoitajaa, joka tuo äitiäni. Irrotan otteen paarien reunasta ja menen aukaisemaan huoneen ovea, jotta hoitaja saa äitini huoneeseen. Jään itse seisomaan vielä ja odotan kunnes hoitaja poistuu huoneesta. Olen siirtymässä äitini viereen kun lääkäri saapuu paikalle puhtaan valkoisessa takissaan.

"No niin Marja, pidämme sinua vielä täällä ainakin kolme viikkoa ja tarkkailemme tuleeko tilassasi muutoksia. Hoitaja tulee kohta antamaan liuotushoitoa."

Äiti on levollinen ja uninen kuin puussa päiväuniaan nauttiva oranki.

"Joo." Lääkäri katsoo minua ja minusta alkaa tuntua, että pitäisikö minunkin jäädä osastolle yhtä valkean naamani takia.

"Lääkäri Ilari Herrala, oletko Marjan sukulaisia?" Hän siirtyy eteeni ja peräännyn askeleen taaksepäin kuin merkin antaja pesäpallo-ottelun ajolähtötilanteessa.

"Hänen poika." Lääkäri jatkaa maallikon viittomakielellä.

"Äidilläsi havaittiin lievä aivoinfarkti ja nyt tilanne on tasaantunut. Pidämme häntä täällä vielä ainakin kolme viikkoa ja tarkkailemme tilannetta. Kenelle voimme ilmoittaa hänen kotiuttamisesta." Oloni on kuin häkkikanalla, jota jahdataan nälän kirkuessa ja joka saatiin lopulta nalkkiin.

"Mulle voi ilmoittaa tai isälleni. Jätänkö tiedot tohon tiskille hoitajille?" Roihaisen miehekkäästi ja itsevarmuutta täynnä takaisin.

"Kyllä hoitajat ottavat sinun tiedot ylös." Lääkäri poistuu huoneesta ja katson hetken paikaltani nukkuvaa äitiäni ja sitten siirryn hiljaa hänen vierelleen istuakseni sängyn reunalla. Huokaan ja lasken leukani rintaa vasten.

Tulen ulos sairaalasta ja näen Martin seisovan autonsa rinnalla kuin vapauden patsastelija.
"Äitini ei pääse nyt mukaan, jää vielä sairaalaan."
Kävelen Martin luokse ja samalla huomaan kyttäsaabin takapenkillä taparikollisia.

"Kenet sä nyt pidätit?" Yritän karistaa suruani huonolla huumorilla ja kurkistan sivuikkunasta auton sisään.
Fabian ja Hanna istuvat takapenkillä kuin vappuna talteen otetut juoppoteinit ja nuoleskelevat toisiaan.
Avaan auton oven ja istun heidän viereen yhtä väkisin kuin aikoinaan ammattiylpeät tv-lupatarkastajat.
Yritän tönäistä kaksikkoa irti toisistaan ja kumma kyllä he ovat yhtä kiinni toisissaan kuin uroskoira

narttukoirassa astutuksen aikana.

"Mitä te nyt täällä teette, ulos ja äkkiä." Martti tarttuu minuun kiinni ja repäisee minut ulos autosta.

"Anna olla nyt, noi lähtee völjyyn, ostin heillekin laivaliput." Se mitä sylki suuhun tuo niin räkäsen maahan Mujuset.

"Ai no jätetään ne samalla sinne homolandiaan." Riuhtaisen itseni irti Martin otteesta ja siirryn kiukuissani istumaan auton etupenkille. Istun ja tuhisen kuin kuningas muurahaispesässä kun tunnen haisevan leijan lähestyvän ja loppuvan kuivien huulien kosketukseen poskellani. Katson äkäisesti taustapeliin ja näen Fabianin mykistävän hymyharvahammasilmeen silmäluomien noustessa iloisesti otsalle hänen samalla ojentaessaan minulle kylmää lonkeroa. Otan lonkeron ja virnuilen takaisin kuin pitkässä takissaan charmia kuvaputkiaikana Suomeen tuonut Amerikan komisario Colombo. Matkaa googlemapin mukaan on linkkuasemalle tasan five kilometriä.

NOSTALGIAA TÄYSIHOIDOLLA

Bussimme saapuessa Turun satamaan, josta lähtö iltalaivalla merelle kohti Ruotsia, on ryhmämme unohtanut jo turtuneen akkakiukkuilun ja laulu raikaa kuin melkein mustalaissävelin Seinäjoen nostalgisilla tangopanomarkkinoilla.

"Kuka on edelleen ja aina paras tangokuningatar." Fabian antaa sinisillä huulillaan loistoa hehkulampun lailla. Hän pitää Arja Korisevaa niin uskomattoman huikeena misuna ja kuulemma antaisi jos kysyis koska niin laulussa sanotaan. Rakkaus on ikuista. Ikuista tolla patittomalla gladiaattorilla ei ole kuin samat haisevat kalsarit, joita hän ainoastaan keskijalkansa jälkeen rakastaa.

"Koriseva ei kaatuis sulle vaikka ajaisit sen yli." Juha heittää äänekkäästi ilmaan myös kolikon kääntöpuolen ilman revolveriaan.
"Mut mulle kyllä." Ylävitoset läpsähtelevät ja kaljatölkit kolahtelevat naurunräkätyksen säntäil-

lessä ympäri täynnä olevaa ankkuroitunutta bussia. Hetkessä karkaamme ulos linja-autosta kuin tottelematon, kouluttamaton piskiryhmä kuusimetsään ja ulkona olemme hajallaan kuin lattialla olevat legopalikat. On nukkumaanmenoaika, tai sitten ei.

"Tänne nyt, niin katon että kaikki on the groad." Martti on nimennyt itsensä vaivattomasti ryhmän liideriksi vaikka tosiasia on, että isäni käski Martin hoitaa porukan ilman vuotavia haavoja ja ruhjevammoja Ruotsiin.

"Yes sihgr." Juha laukaisee keskimatkan ohjuksen, jonka Martti torjuu vastaten nopealla ja vastustajaa väsyttävällä jabilla Juhan korvien väliin. Iskussa on aimo annos momenttia ja Juhan ei auta kuin laskea notkahtaneena kuuluisat kymmenen ja olla pää visusti kiinni Martin sparratessa tottelevainen ryhmä kokoon. Olemme kuin rintamalta palannut iskujoukko, jolla yhdellä on musta silmä, toisella alkaa otsa turvottaa, Samulilla huuli ja poski turvonnut ja me muut muuten rähjäisessä yleiskunnossa. Hihnkit.

"Laivamatkalla on aina tunnelmaa!" Hoilotamme edelleen mennessämme hyttejämme kohti ja laivan käytävällä kanavapujottelua täydentää jo täysi-ikäisten nuorison leijonavoittolaulu. "Den glider in!!!" "Nyt poika saunoo saatana!" Huutomme kovenee kuin veren täyttäessä valkoihoisen John Holmesin uljaaseen ja legendaariseen muotoonsa, ohittaessamme muut ahtaasti tällä kapealla Siljan käytävällä. Juha ja Fabian ovat hurmoksesta sekaisin kuin epätoivoiset vuodepotilaat huomattuaan joukossa antavan näköisiä sinkkujakorasiatyttöjä. Nahoissa ei ole pysymistä ja cocksikko iskee naulaa arkkuun.

"Hei te siinä, lähtekää vähän saunaan meidän kanssa." Asemasota on valmis ja töniminen aloittaa hidastetun hurjastelun vieraalla hiekkatiellä. Käsiräsypokkaa pelataan surutta ja pian naiset ovat ilman paitaa, c-kupin rintaliivejä ja puolialastomina poikien silmien alla ja se pysäyttää kaitavärifilmin. Lähes täydellinen mykkähiljaisuus ei ole myöntymisen merkki kun Martti ja minä otamme rähinöinnin haltuun.

"Pellet nyt lähetään ja junnut grauhassa nyt." Martin tuima kehässä opittu tuijotuskisa saa vastustajanuorison perääntymään viedessämme hihittävää kaksikkoa pois. Jatkamme kohti hyttejämme naisten poimiessa rintaliivejään kuin syysomenoita, poikien potkiessa niitä pitkin kapeata käytävää.

Avaan hyttini oven ja painun sisään heittäen adidakseni pedatulle sängylle. Seuraa minulle tekevät Hanna ja Samuli.
He katsovat minua kuin aavetta.

"I see dead people," sanon hiljaa kuiskaten kuin saadakseni vieruskaverilta ovelasti, opettajan tietämättä vastauksen jokatorstaisessa maantiedon pistokokeessa.

"Ni mun piti olla Fabianin kanssa samassa hytissä." Hannan lintumainen ja lapsekkaan aneleva ääni lähestyy hänen kompuroidessaan eteeni. Katson häntä silmäluomieni alta ja koitan etsiä eksynyttä katsetta.

"No käy kattoo missä se on ja käske tulla tänne. Varmaan Samuli sulle ok?" Kurkistan Hannan olan yli tyhjään ja huomaan oven olevan auki, joissa tuntemattomia kasvoselfiekuvia kurkistaa huoneeseen.

"Kusettaa niiku vapaapalokunnan narttua. Väisty." Tallin ovi on auki. Fabian laukkaa karsinaan kuselle uteliaan joukon ja meidän ohitsemme läimäyttäen takanaan hytin oven kiinni.
"Auuuuh." Yhden uteliaan lentopallosormet ovat nyt tosiaan velttoja työttömiä niiden jäädessä ovenkarmin väliin ja palauttaessaan oven taas takaisin auki. Perkele, perkele. Kaverin naamavirneessä on pahemmin punaista kuin omassani silloin kun aikoinaan testasin menestyksekkäästi 12 minuutin Cooperin. Tulos miehekäs 3450 metriä. Ovi kiinni.

Kuuntelen juopuneen Hannan kanssa kun akvaario täyttyy kusesta tuhannen tonnin paineen iskuvoiman osuessa siihen.

"Ehditään hyvin käydä ottaa parit ennen kuin sauna

osasto aukeaa." Yritän kehittää helposti ymmärrettävää keskustelua nyt jo elottoman rautahampaan kanssa.

"Kuulitsä." Samassa Fabian astuu ulos vessasta laittaen polvista revenneiden lewiksien harvanapitusta kiinni.
"En vetäny sitten." Fabianin huoleton, hymyilevä askel eteenpäin ja hän istuu viereeni siirtäen Hannan syrjään. Hanna on alkanut näkemään jo unia. Pyöritän ajatuksiani, että onneksi jätkä ei käyny kännikikkaroilla ja mikä biisi se nyt olikaan. Vittu.

"Hei ota tosta huikkaa." Fabian avaa irlantilaisen Jamesonin herättäen keskitäyteläisen hajuaistini ja täsmäotteeni sieppaa lekan. Kurnutan sitä kurkustani alas tuntien lämpimän aallon iskevän kroppaani ja annan lekan takaisin. Pyyhkäisen suutani ja kaipaan jo lisää.

"Käydään nauttii parit ennen kun mennään saunaa, eiks noi baarit ole auki jo." Nousussa virkistyneenä puhua pälpätän ja samalla koetan herätellä Hannaa sitkeästä talviunesta.

"Älä, älä, anna sen vaan nukkua nyt." Fabian koittaa leka huulillaan suomentaa ja estää kädellään minua herättämästä RautaHannaa.

"Katos ku karjalliset, jotka ekana paikalla, nappaa

parhaat päältä." Mulle yksi ja sama osuiko pikkupotti lotossa - vaikka hyvältähän aina selvä voitto tuntuu. Nousen kärppänä pystyyn Fabianin ojentaessa minulle Jamesonia, samalla kun jätkä heittäytyy perhostorjuntaan ahtaalla lattialla. Pikku-Fabian pelasi samaan aikaan minun kanssa junnuliigassa lätkämolarina ja notkeus on kumma kyllä vielä molemmilla lahjattomalla tyylikkäästi tallella. Minä perässä. Peliaikaa ei tullut, eikä ollut silloin, mutta nyt on.

Siljan karaokebaarin baaritiskillä alkaa olla jo tungosta liiaksi ja ihan kuin joku superurheilujulkimo olisi jakamassa nimikirjoituksia kuivuneella hotellikuulakärkikynällään. Martti se ei ole vaikka on jo paikalla odottamassa enkeliään sinistä ja liiallinen iloinen yleisömäärä alkaa hermostuttamaan entistä kehäsankaria. Kulmaankin ajettuna Martti saa tilaamansa juomat haltuunsa ja tällä kertaa ei kongin ääni pelasta hänen jäädessään tuijottamaan illaksi ja "itselleen meikattuja" - vähähks seksikkäitä naisia. Pikkutakissaan ja suorissa housuissaan Martin itsetunto on noussut samalle tasolle kuin viina joka miehen päässä. Ujo ärrävikakin on poissa ja kaukana kuin tuleva ex-vaimo.

"Hei siellä, lähdetkö vuolee pahr..parkettia mun kanssa."
Konserttimetelissä Martti koittaa vielä nostaa kätensä ylös kuin voittaja mutta nainen olikin jo ehtinyt poistua kuuloetäisyyden mukavuusalueelta kavereidensa

kanssa tanssikäsiperseellä lattiaa kohden. On ennen-
kin erä hävitty niukasti mutta periksi ei ole annettu.
Arvon valmentajan kehutut kohteliaisuudet eivät saa
Marttia tekemään uutta koiran liikettä. Enkeli kita-
lakeen ja olutta juoksujänikseksi. Uudet tiskiltä ja
oishan sitä voinu naistakin keinuttaa.

"Aih, ton hissin tulo kestää. Hei lähetään ja kävellään
nyt."
Laivahissi on jumissa kuin känninen Valkovenäläinen
oli joskus meille liikaa ja lähdemme Fabianin johdol-
la kävellen portaita ylös etsimään oikeaa ja meille
sopivaa baarikerrosta.
"Ylhäältä alaspäin tulevat näyttävät jotenkin isoilta."
Fabitalks.

Koitan saada selvää huminasta kun katselen taka-
raivon liikehdintää ja äkkiä tajuan olla vastaamatta.
Hetkessä ja edelleen hyväkuntoisina selätämme pari
kerrosta ylöspäin ja saavumme innokkaina baari-
aulaan. Huomaan nuoret, tutut tissitytöt parveilevan
keskenään. Keskityn kuitenkin muuhun aktivi-
teettimenuun. Silmäni hakevat turhaan tuttuja kun
uskomattoman kauniita naisia vilisee ohitseni kuin
legendaarisen Monacon formulaviikonlopun kiirei-
sellä varikkoalueella. Väsymättä mihinkään haen
tarkasti baarikylttiä, joka selkeästi on joku perinteikäs
irkkutyylinen mesta ja toi toinen taitaa olla muuten
vaan baari. Sen takana oleva näyttää selvästi mus-
talaiskaraokepaikalta. Yhtäkkiä huomaan taas liik-

kuneeni parikymmentä metriä tässä jonossa - ja mitä me vielä jonotetaan.

"Fabi!" Huomautan ja isken häntä märkään yläselkään.

Huomaan kyltin, jossa kerrotaan, että juuri on alkamassa brassipyllytyttöjen uskomaton puolialaston ensi-iltanäytös.
"Mennään vaan tonne." Kuiva kurkkuni laulaa iloisesti duurissa.
Fabianin on pakko olla jumissa kuin seinäkukkuukello koska hän ei huomaa tyttöjä ollenkaan ja säntää vaan eteenpäin sadekelistä huolimatta. En valita koska inventaario on loppusuoralla ja yksi kerros ylöspäin niin siellä se "pimppapimppaperseshowdisco" on.

Väenpaljous saa meidät käyttäytymään jalkapallohuligaanien lailla ohittaessamme väkijoukkoa ja mennessämme kohti veteraanieturiviä. Lasisilmämme eivät näe muuta kuin tummaa peffaa ja metelistä päätellen kaikilla muilla tuntuu olevan jo voittaja mielessä. Pysähdymme koska saimme mielestäni hyvät paikat. Fabian on äkkiä kuin aamuvihainen raivohärkä siirtäen kaksimetrisen siilitukkaisen konkelon tieltämme. Konkelon mielestä se oli paha virhe kun huomaa huonosti ylipukeutuneen ja pahalle haisevan hipin moukaroivan kylkiluitaan. Varpaillenousu laskee yhtä nopeasti kuin lentokoneen pakollinen äkkilasku johonkin tuntemattoman maanosan kenttään Martin iskiessä munuaisiin vai aivoihin.

"Jumalauta." Huudamme kuin peppukisan voittaja olisi jo tosiaan valittu.

Martti vie ja konkelo vajoaa kuin Titanic mustaan mereen jääden polvilleen odottamaan uppoamistaan ja ristille naulitsemista. Ei nouse haudasta ja kolmantena päivänä, vai miten se meni, mutta taas Hammer pelasti yhden hipin ja nakkikioskitilanteen kuusi nolla.

"Hammer hammer!!!" Modern Talking duokaraokea.

"Niinpä, ensin kunnon kännit ja turpaan, sitten kehätytöt kunhan on ite paikalla." Tunnelma alkaa olla taas katossa korkealla. Valot sammuvat ja se on syntiä, tummat naudat alkavat keinuttamaan takalistoaan Pet Shop -poikien kasarihittitahtiin yleisön hakatessa jalkaa lattiaan. Fabian on huomannut jotain muutakin kuin naisen tiimalasivartalon huutaessaan kurkkukukkosuorana.

"Hei kato mikä paita tolla yhdellä brassiperse-mimmillä on. Huh, näyttää panta-antavalta!" Martti tuijottaa silmät viiruina ja pää kääntyy takaisin kuin muuttohaukalla, joka etsii lajitovereitaan.

"SABBATH."

"Aaaahhh, Sabbath Bloody Sabbath. Mä magrshhin ton tahdeissa kehään ja mä näytin hugrrrjalta!" Martti on innoissaan muistolaatastaan ja halaa Fabiania. Isähalauksen voimasta Fabian kuiskaa Martin korvavaikkuun. "Hei veteraani, se on Black Sabbathin ralli." Syväkurkkuhiljaisuuden konginsoittoääni puhkaisee Martin korvavaikun ja vasuriupper napsahtaa käsien välistä Fabianin lasileukaan.

UGH. Tuska saa Fabianin tipahtamaan polvilleen kuin konsanaan mies kosiessaan pelko puserossa itkien. Pakit tuli ja nostamme hänet ylös takaisin tunnelmaan.

Puolitoista tuntia myöhemmin hiestä haiseva kolmikko alkaa olla valmista kauralaumaa ja tulemme ulos pimppadiscosta yhdessä rintamassa parin mustan nartun roikkuessa kuin Fabianin ja Martin talutushihnan omistavassa otteessa. Ei vedä. Veteraanieturivistä oli näet enemmän kuin hyötyä kun tummat isopersenaiset lähtivät mukaan. Kisan ykkönen ja kakkoseen. Kieli-imumuuri oli menestyksekkäästi purematta purettu jo ennen finaalikierrosta ja nämä aistikkaasti portugalia puhuvat neidot olivat lähdössä mukaan kokeilemaan kun.

"Wge agre sit thegre a naked and we dgrop a wategr to the hot grocks and we wait ." Niin, Martti handlas myös vähän enkkua kuten hän meille leikki-ikäisille sanoi ja usko puhua uskottavaa vierasta kieltä oli syntynyt hänen turnausmatkoillaan "ovehrrseas." Pussy was bautyfully tight and wet."

"Otatsä savut?" Juhan siemensyöksyn jälkeinen sisäinen häpeätila saa mielen kiusallisen lempeäksi.

"Hullu, eihän täällä voi polttaa vai voiko?" Rauta-Hannan "melkein tuli" -orgasmitila vastaa ja hänen ilmeensä muuttuu jokeriksi kun luulee kuulevansa tutun äänen yläpedistä.

"Mä otan hei, anna tänne näin." Samuli vastaa nauttien tilanteesta ja katsoo alaspäin Juhan ja äiti-Hannan kuolleita ja elottomia "jäätiin kiinni" -ilmeitä.

"Noin mutsi, relaa, emmä kerro mitään ja kuulitsä Juha mitä tää mun mimmi sano just." Samuli ottaa hupitupakin jumi-Juhalta ja imee miehekkäästi, odottaa ja puhaltaa ne "jäätiin kiinni" - naamoille.

"Hahahahähhähhä." Samuli on nyt kuin hevonen, iha hahahaha ja jatkaa ravia, josta ohjastaja antaa yleensä ja ilman armoa remmiä. Samuli avautuu avannon lailla.

"Kairataan Suomen märin reikä." Alaston tyttö kaappaa Samulin lentävältä matolta takaisin itselleen kun alasängystä alkaa lakanoiden välistä kuikan kuiskutus.

"Samutz." Äiti-Hanna sieppaa kannabista Juhan sormien välistä ja alkaa pössyttää sitä tietämättään kuin pieni nälkäinen vauvalapsonen imiessään maitoa kovettuneesta nännistä. Juha keskeyttää mahdollisuuden jäädä riippuvaiseksi ja estää äiti-Hannaa ottamasta lisää. Tämä koittaa "minäminä" -elkein kuvailemalla haluavansa silti lisää.

"Tänne, sä olet kuin yksi nainen, jonka tunsin yli kymmenen vuotta sitten. Se oli täys varhais-, ranskalais-, jamaikalais-, neekerikasvatuksen saanut blondipakkopanokone niiden keskuudessa ja uskomatonta kyllä kaikki oli alkanut kuulemma siitä."

"Arvaas mistä Samuli."

Yläpedin nytkyttäminen hiljenee ja tilan valtaa raskaan hengityksen huohottava ääni. Juha ansaitsee itseitselleen savut ja jatkaa puhaltaen.

"Hui nuorena tyttönä imin ja ihmettelin, kun mustalakumies tanssi narttususien kanssa ja kaikkihan tietää oskarileffan ja mitä vaakatanssia se tyttö tarkotti! Uihhh." Juha imitoi neitsytmadonnaa. Rautaäiti-Hanna imitoi yllättävän hyvin Marttia.

Olemme kuin The Famous Five -lapsiryhmä astuessamme hihittäen ja räkättäen ulos hissistä juopuneen Martin opetellessa portugalin kielen alkeiskurssia pyllyneitojen periksiantamattomalla opastuksella. "Bonnittoo, Bonnitta!" Martti pidättelee ääntään neljän hengen ja 320 kilon laivahississä.

"Ladis ladis, here here." Martti ohjaa neidot ja yllättävästi Jamesonista väsyneen Fabianin takaisin hissiin minun jäädessä seisomaan ulkopuolelle laivan käytävälle.

"Tulen perässä, vai oliks se niin, että me?" Viserrän kuin linnunpoikanen ainaista nälkäänsä.

Olimme jo hississä kansainvälisesti sopineet, että

Martti näyttäisi ennen saunaan menoa tummille yläkannen luxushytin baariominaisuuksia ja skandinaavista merinäkymää ja minun oli tarkoitus tulla hakemaan muu multiryhmä.

"Te tuutte…ja hei, otetaan dominoseksiä." Martti koittaa saada Fabiania pelaamaan kanssaan uutta lautapeliä.

Tuntui yksinäiseltä kun katsoin hissin ovien liukumista kiinni ja iloisen nelikön katoavan verkkokalvoiltani.

Muuttuu se mieli gorillallakin ja hetken surun haihtuessa laitan levollisesti tassua toisen eteen laivan käytävillä ajatellen rakkaintani kun etenen tasaisesti hyttiäni kohti. Tosta vasempaan ja huomaan kauempana Juhan tulevan vasten tahtoaan äänekkäästi ulos hytistä - alastomana. En ehdi kissaakaan sanoa kun ovi lennähtää uudelleen auki ja Rautahammas murjoo kurkustaan suoria.

"Vai loppu tässä kropassa 15 vuotta sitten." Rautaäitihanna puskee Juhan maahan ja samassa huomioni äkkää myös alastoman Samulin ilmestyneen kangastumaisesti absurdille käytävällä.

"Hei." Huudan kuin koittaisin saada yhteyden sinuun ja kuin ehtisit lähteä ja jäi jotain tärkeää sanomatta. Äiti, poika ja Juha katsovat minua ja mieleeni alkaa kuvittua loppukohtaus elokuvasta Hyvät, pahat ja rumat. Ei kun Ratto-lehden kansi numero kolme. Otan jalat alleni ja pinkaisen alastomia kohti. He pakenevat nopeasti kuin lepakot takaisin hyttiin eikä heistä jää jälkeäkään. Saavun ovelle ja laitan korvani siihen kiinni ja alan kuunnella jos vaikka saisin selville mitä C-käytävän hytissä 301 nyt kuiskaillaan. Hetken pienen hiljaisuuden tappaa ujon märkä ohrapieru, jonka ninjamaisen leijuva tuoksu pakottaa siirtymään askeleen taaksepäinpoistu ja kohonnut kananiho lävistää kylmänkuumeiselta tuntuvan kropan. Nanosekunnissa annan periksi ja poistun. Tyhjä muisti, välitila, pling. Hissin ovet aukeavat hitaasti kuin Lewisten napit naismagneettisen yökerhon kusilaarilla. Olen kompastua kengännauhaan, joka on huomaamattani auennut rusetista. Riskillä jätän asian sikseen ja menen vaivatta luxushyttiin koska ovi on selkosen selällään. Yön hiljaisuuden rikkoo Fabianin humalainen unijamesonkiroilu, joka kuulostaa huonolta ulkomaan puhelinlinjalta.

Tuijotan kuunnellen häntä hetkisen kunnes annan avokämmenen heilahtaa ja tönäisen luiseen olkapäähän.

"Fabian."
"Fabian."

Puhelu katkeaa ja hiivin laittamaan luxushytin oven kiinni.

Bonito-Martti höyryää saunasta huoneeseen ja istuu

penkille kuin kahdeksannen tasaväkisen ja kolme-
minuuttisen nyrkkierän jälkeen. Otan nopeasti pyyh-
keen ja heilutan kylmää ilmavirtaa Martin edessä.
Huoltajana on helppo hymyillä kun mies on tällä
hetkellä selvässä pistejohdossa.

"Brging go pgro."
Martin nyrkkilondonenkku taittuu.

"Täh." Vastaan tietämättömänä yhä vatkaten vankasti
pyyhkeellä hiestä märkää ottelijaa.

"Toitko sä kamegran."
Martin ärräpuhevika alkaa nousta samalle tasolle hu-
malapromillen kanssa ja hän nappaa äkäisesti pyyh-
keen käsistäni heittäen sen lattialle.

"Et kai anna periksi nyt ja luovuta."
Sarkastinen avioliittohuumorini ei vaan tipu kaikille.
Tunnen jo polttavaa kipua vatsassani ja jalat pettävät
alta kuin miehet, että naiset konsanaan.
"Täh."
"Kamegran." Polvillani lattialle lyötynä koitan löytää
takaisin tähän maailmaan. Kamegran kaikuu kaukai-
sesti ja olo on kuin olisi imaissut henkoset heliumil-
mapallosta äänihuulivallin kertoessa.

"Ei. En." Puhallan ja puuskutan kuin maratoonari-
kävelijä Kononen antaen ylen tämän päivän menun.
Kahdesti. Alan kaatua taaksepäin lattiaan kuin nyrk-

keilijä tullessaan tyrmätyksi ja Martin alaston siluetti ainoana sumeassa näkökentässäni. Kuvittelen Rockyn ja Apollo Creed;n alkamassa laskea lukua.

"Höh, no olis ollu mahdollisuus tehdä tummafilmipornoa."
Martti on jo ojentanut ojentajalihaksensa, nostaa minut ylös ja ottaa isälliseen haliasentoon.
"Menen takas saunaan." Hiljainen ääni laskee rauhan yllemme.
"Ei kai haittaa jos nukun täällä." Kuiskaan varovasti ilman sarkasmia ja suututtamatta Marttia.
Huomaamatta seison yhä paikallani ja herään todellisuuteen.
"Bonitas, hegre I com."
"Marti." Kylläpä kuulostaa pehmeän samettiselta kun nainen sanoo nimesi. Luxushytin seinäkello näyttää 03:12 yrittäessäni lötkönkalpean Fabianin viereen, hänen asento muistuttaa elokuvista tuttua asentoa, jossa näyttelijäihminen on juuri pudonnut talon katolta vastapäällystetylle ja sateen kastelemalle lakanalle. Vitun kevät ja välitänkö. Olen hetkessä selälläni ja yrjönpala kurkussa hammasta purren koitan saada nukkumattiin yhteyttä. Mieleni toinen aivopuolisko avaa kaitafilminäkymän pikkuminuun, jossa olin mummolassa ja herännyt alipahatajunnan painajaiseen. Panen näkymän pauselle. Muistan miten rakas isoäitini oli neuvonut minua pääsemään takaisin uneen ja unohtamaan pahat asiat. Olen sittemmin näin isompana poikasena vähän työstänyt minulle sopivammaksi.

Se menee näin päin: yksi lammas, kaksi lammasta, kolme lammasta, neljä pillua, viisi pillua, kuusi pillua ja niin edelleen.

USKOVAINEN MURHANÄYTELMÄ

Allah Allah Allah, hagala pakala hagala kuulostaa pakala näin eurooppalaisen korvaan vihaiselta sotahuudolta. Suomen järvien sininen farmarimallinen Lada 2012 lähestyy holtitonta vauhtia Lidon kaupunginosassa olevalla palmujen reunustamalla rantakadulla. Tuonnempana ihmiset nauttivat täydellisestä hurmosolotilastaan ennen kuin kuulevat aseen laukauksia ja huomaavat auton valojen syttyvän ja sokaisevan silmiä. Murhasekunnit tuntuvat murhatunneilta auton iskeytyessä väkijoukon läpi ja ihmisen yrittäessä kauhun vallassa pakoon. Itsemurhapommimies räjäyttää auton rantakadulle ja 35 ihmistä saa välittömästi surmansa ja useat loukkaantuvat. Hetkessä ilman repii epätoivon huudot ja epäuskon usvan tähän Sardinian suureen sydämelliseen saareen Italian luoteisosassa.

TUKHOLMA HARBOUR

"Tuliks kellään mukaan kaulahuivia, hei."

Tämä itämerituuli iskee kiinni kuin tuhannen tilan-
teen hirmumyrsky pakottaen painamaan leukaa vas-
ten tahtoaan rintaan. Mikä krapulajärki sanoi kyllä,
tulla nyt ulos odottamaan sovittua kyytiä, joka oli
jo tunnin muutenkin myöhässä. Siinä hytistään kuin
parat pakkasella.

"Mä näin parturin tuolla, aika vaihtaa habitusta."
Fabian on taas Jamesonin jälkeisen vesilasin humala-
tilassa, mikä ei ole huono idea ollenkaan. Kohmei-
nen eturintama ottaa kankein askelin vauhtia takasin
terminaalin lämpöön.
"Gruunuja, onks teillä." Rättimärkäväsynyt Martti
puhuu taas itsekseen. Pää heittää kruunaa vai laavaa
ja valitsemme yksimielisesti bankautomatin, josta pi-
kainen varvasjuoksu askelein siirtyminen kahvilaan.
Paikka on sen verran pieni, että valtaamme parin

pöydän verran istumatilaa ja vedämme pöydät yhteen. Kaksin aina parempi. Sekoitan kuumaa kahviani puulusikalla ja katson yläviistossa katon rajassa olevaan mykkään 32-tuumaiseen Samsung-merkkiseen älyhoitelevisioon. Ruotsin uutiset ilmeisesti antavat kertovan terrori-iskusta, joka on kohdistunut Lidon kaupunginosaan Sardiniassa.

"Ihmissaastat perkele, kuka helvetti tollasta tekee." Martti on myös liittynyt seuraamaan mykkää uutislähetystä.

"Mitä noi sanoo?" Martilta ja muiltakin meiltä kun jäi pitkän ruotsin pakkolukeminen vähän niinkuin taka-alalle unholaan teininuoruusvuosina.

"Vissiin sattunu viime yönä toi." Rumpali-Samuli heittää hiljaista kanttikeskustelua meidän suuntaan ihan kuin olisi ymmärtänyt ja opetellut salaa huuliltalukemisen agenttitaidon. Ennen kuin kissahanna ehtii sanoa, on ruudussa jo jotain urheilu-uutisia. Villi veikkaus kun jo harmaantunut Ruotsin kansallissankari Björn Borg ei tällä hetkellä esittelekään alushousujaan vaan ihka tennistä.

"Jos tyylistä puhutaan niin selkeä ykkönen on massakentillä riehunut pelaaja, itse vihanhallinnan unohtanut John McEnroe." Juha on iskeytynyt ässällä mukaan paneelikeskusteluun:

"Marat Safin." Martti tekee murron.

Samuli nousee röyhkeästi verkolle.
"Kuka on seksikkäin ja lesboin tennisnainen?"

Usko tai älä, totta vai tarua, linjaa pitkin tarkasti takakulmaan, HännäH tuulettaen:
"Conchita Martinez."

Martin tasku pullistelee kuin olisi unohtanut sinne tennispalloja. Äkkilähtö, ei sama kuin matkatoimiston superhalvannopeat lennot aurinkoon. Nappaamme kassimme ja poistumme äänekkäästi paikalta.
Martina Navratilova.

LIMUOSIMPANSSI

Auts. Megafonista kumpuaa taas pakkoruotsia kor-
viini, joissa tuntuu vieläkin merituulen ja tinnituksen
tyylinen huminaääni. Kosovonruotsalainen apina-
kuskimme ei saa kielen valinnasta yhteisymmärrystä
Martin kanssa, ja hänen kanssaan ei kannata leikkiin
ryhtyä. Matkaa taitettu jo kymmenen minuuttia ja
limuosiinin baarikaappi on puoliksi tyhjänä kuten
Juhan kassit - kuten hän leikkisästi meitä infosi.

"Sotikoo noi niinkuin haluaa mutta mulle ei vittuilla."
Martin kongi alkaa kohta soittaa ja tää limuosiini
jää tien varteen kohta poskiottoon. Pakko rauhoittaa
tilanne turhalta tuntuvalta tappelulta vaikkakin aivan
sama meille jos Martin rystysiä kutittaa -kunhan ei
käy meidän päälle ainakaan tosissaan. Jabeja tulee
silloin tällöin kuten jäätelöauto kesäisin asuntolähiöi-
hin. Otan sikaosastotilan haltuun ja nousen takapen-
kiltä eteenpäin jättäen valkovodkapaukkuni Samulin
nuorille harteille ja koputan mustaan sisäkattoikku-

naan.
Ikkuna laskeutuu maltillisesti alas nostaen samalla musiikin volumetason puheäänen voimakkuuden yläpuolelle.

"Hei, Fabian, koska perillä!"
Huudan kuin nainen naiselle rockin yli. Viinanlöyhkä hiipii ennen Fabianin uutta habia, joka ei voisi olla onnellisempi ainakaan harvahammashymystä päätellen.

"Tossa noi ja tervetuloa." Fabian ojentaa minulle lapun kuin elokuvateatterin tyttönen päästäessään asiakkaita puoliksi tyhjään elokuvasaliin. Katson paperia.

"Mitä tää on ruotsiksi." Fabian-salivirkailija ottaa paperin pois kädestäni ja tuntuu kuin tikkari olisi viety pikkulapselta. Kääntää paperin toisin päin ja laittaa kiinni luukun, joka hävittää musiikin kaukaiseen. Istun takasin, otan vodkani, alan silmäillä, alamme silmäillä.

Mika & Lars
Sanomme toisillemme tahdon, I really do
Lauantaina 22. huhtikuuta 2017 klo 16.00
Suomalaisessa kirkossa
Slottsbacken 2B-C, 111 30 Stockholm, Ruotsi

Hääjuhlaa bailaamme Lars Scandic Second Continen-

talissa aamun pikkutuhmatunneille asti.
Kuljettajanne vie teidät ensin pukusovitukseen, kai-
kille varattuna uudet puvut!

TERVETULOA - WELCUNT

"Ai saatana, aikaa on. Etsitään Gruotsin isoin mies ja vedetään sitä turgpaan!"

Martti huutaa kuin Suomen ja Ruotsin välisen jääkiekon MM-finaalin 1995 humalasta hurmioitunut oleva yleisömassa. Yhdymme huutoon vodkalasien kilistessä kuin kalliitkin kristallilasit, johon sekoittuu taas nouseva rock-henkinen musiikki. Fabian pällistelee meitä ihmeissään kuin olisi hukannut kotiavaimensa. Hän alkaa kuitenkin muistuttaa jotain örinäbändin laulajaa ja liittyy huutoon.

Samassa Martin muokattu näkövaisto huomaa kuinka Fabianin pää notkahtaa nyrkin iskun voimasta pois näkökentästä. Sata salamaa iskee Martin takaraivossa kuten jonkun suomalaisen naisnartun Vicky Rostin euroviisukappaleessakin lauletaan. Ennen kuin muut huomaavat ohikiitävän Corveten on Martti jo iskenyt kätensä ikkunasta kosovolaisapinakuskin kurkkuun. Limuo alkaa heittelehtiä tiellä kuin neppiauto hiekalla etusormen tönäisystä ja jarrut alkavat ulista kumin tarttuessa asfalttiin päästäen ilmaan palavan tuoksun. Limuo syöksyy läpi tienpientareen valuen aina yli tienojan maissilapsia muistuttavalle peltoalueelle moottorihevosvoimien antaessa periksi. Martin dynaaminen ote ei. Ulos autosta. Ulos autosta. Me muut koitamme irrottaa vanhaa kehäsonnia kuin mastersonnin kevätnaudan astutuksesta. Taisi sonnien sonni tulla ja saada kun antaa periksi tämän pienen kotirauhariidan jälkeen. Myrskyn jälkeen on poutasää ei kyllä kauaa kestä kun kosovolaisapinakuski koittaa etupenkiltä vankikarkuriksi. Syöksymme perään ja sonniajojahti alkaa vaikkakin loppuu ennen varsinaista tappolaukausta. Martti nostaa miehen kuin märän lapasen ja antaa kutinarystysten upota muutamasti tämän pari kertaa punttisalilla muovattuun vatsalihakseen ja tyrmää lopullisesti nopealla oikean käden pommisuoralla.

"Mun Gkgavereihin ei ilman mun lupaa kosketa!"
"Look but don`t touch."
Martin leffa- ja musiikkienkku on aina niin helvetin lepposta kuunneltavaa.

"Ollaan siis perillä, hyvä. Käy sä ekana koittaa Hanna pukuas kun kerran väität nainenkin olevas. Sarkofuck ja tysoni, kuinkas muuten nyt mennään sinne kirkkoon ja onko toi herrasmieskuskimme edes enää ajokunnossa sun katsastuksen jälkeen."
Koitan hillitä hermojani ajattelemalla hhhmm - pillua ja siirryn turhaan kenkiäni likaamatta istumaan

lämpimän konepellin päälle. En tiedä onko noista muista naru kiinni minussa kun hekin siirtyvät yksi toisensa jälkeen istumaan kuin palapelissä palat kohdalleen loksahdellen.

"Jos en ois luvannu isälles, makaisit ton viegressä." Martin huumorinkukka on taidettu asumalähiöpiestä jo pienempänä ja koskaan hän ei ole meille kovaa käsittelyä antanut tai opettanut miten annetaan.

"Onko sulla vodkaa vielä, tagrviin yhden ajatusten kigrkastamiseen."

Otan spurgupullon taskustani ja se alkaa kiertää yhtä varmasti kuin maa aurinkoa vai oliko se toisin päin, vai miten se nyt oli.

Pari tuntia on kulutettuna aikaa ja me suomalaiset kuorolaulamme tunteita pidättelemättä syyttömään syntymään, sattui me, tähän maahan Ruotsiin ja tuuliseen. Jopa kosovolainen apinakuskimme antaa oman bassoisen särönsä ja epätangenttisen sävellaji lisän uppoutuneena rytmi-Samulin reisi-iskufilli-sarjaan. Tämä klassikko alkaa kuulostaa yllättävän harmoniselta näin aikaan saavalta porukalta. Juuri kun olisimme alkaneet kahlata ulkomaisia kasariklassikoita Saksanmaalta, huomaa Samuli kaipaamiemme apujoukkojen saapuvan.

"Jeeeh, hinuri tulee."

Hyppäämme konepelliltä kuin treenattu hevonen ylitettyään esteen vaikealla esteradalla.

Fabianin atleettiset jalat eivät tunnu kantavan tätä alle 65-kiloista kaveria. Puolituntinen tihkusade on ehtinyt kastella peltoalueen yhtä varmasti kuin kentänhoitaja jalkapallokentän nurmen ja siihen kaaduttuaan on varmasti uitettu olotila.

"Auh."

Ihan kaupungintyöläiseksi ulkomailla tässä joukkomme itsensä tunteen kun katselemme apujoukkojen huhkivan limuo kimpussa.

"Försiktigt, försiktigt, där, nu."

Taas tunti vierivänä kivenä, joka ei sammalla pääsemme vihdoin jatkamaan ja halaamme toisiamme kuin lentopallomiehet konsanaan otettuaan vastustajalta torjuntapisteen.

Erotuksena tämän joukkueen keskipituus alle 182 cm.

ALG-HERO-NOT

Tutti frutti di mare. Algherossa Sardinian saaren luoteisosassa Italiassa oli yhden miehen tekemä itsemurhapommi-isku, jossa kuoli 35 ihmistä. Iskussa loukkaantui 45 ihmistä, joista vielä 10 kriittisesti. Tapahtumat alkoivat kahdelta yöllä, kun hyökkääjä ajoi tahallisesti Farmari-Ladallaan Lidon rantakävelykadulla ihmisiä päin ja räjäytti sitten itsensä. Italian poliisin mukaan päätekijäksi on tunnistettu 21-vuotias Phuram Fart. Fart on Syyriassa syntynyt Italian kansalainen.

Hän on naimisissa. Viranomaisten mukaan hänen tarkempia taustoja vielä selvitellään.

Suomen edustajien mukaan vielä ei ole tietoa mahdollisista suomalaisista uhreista.

LÄHELLÄ SLOTTSBACKEN 2B-C

Juha on siirtynyt pelkääjän puolelle ja utelee maltta-
mattona tönäisten kuritetun ja nyt nöyrän apinakuskin
olkapäätä.

"No niin missä se nyt on, kato tohon noi?"
"Stop stop."

Juha jatkaa viittomakielellä kosovolaiselle, että avaisi
ikkunan ja että kysyisi tietä kadun varrella kulke-
vilta naisilta omalla toisella äidinkielellään. Naisilla
on koleaan säähän nähden on sopivan niukan kireät
hameet yllään. Tämäkin toimenpide taas pakkoti-
lanteen takia "impossible tehtävä", koska pienessä
rytinäpeltoepisodissa sattui hajoamaan auton lisäva-
rusteena oleva gps ja ryhmän akkuvarastot olivat lop-
puneet, paitsi juomabuffetpuolelta. Takapenkille on
saatu kuitenkin musiikkia ihan muutakin kuin livenä
ja Hannahan tykkää ja peukuttaa Fabianin kanssa
ihan tosissaan kielisuudelmaa. Samulin suu on auki
kuin hammaslääkärin tuolissa ja on nyt limuon taka-

penkillä unohtanut jopa nauttia kirkasta alkoholia.

"Eikä, ton kanssa."

Minua ei kiinnosta senkään vertaa kuin tuhannen ja
yhden yön satutarinat, joita tosta feikkipariskunnasta
ei tulisi kyllä sivun sivuakaan. Martti taitaa olla eri
mieltä kun koittaa liittyä kolmanneksi pyöräksi jo
tässä vaiheessa iltapäivää.
"Mä otan kans siivun."
Nyt puhuu miesten mies, jolle ei näköjään pari tum-
maa riittänyt yöllä. Millonkohan Martti viimeksi kävi
edes lenkillä? Ja oliskos kovan ja uljaan salaisuus
vankka tausta kohtalaisena urheilijana vai ihan
sinisissä verenkiertopillereissä, joista suu vaahdossa
kehuskeli vielä pari viikkoa sitten.

"Hei, mä voin tuoda teillekin - kannattaa kokeilla."
Tukka oli niin pystyssä silloin, että luulin miehen
tulleen just suihkusta ja antaneen jo harventuneelle
hiusrajalle pyyhkeestä.
"Mitäs nyt."
Takaovi aukeaa ja hetken pienen luulin, että olisimme
saapuneet paikalle - mutta mitä vielä, pari mimmiä
lisää astuu ahtaaseen sikalaan.
"Viedään noi kanssa sinne, ollaan ihan lähellä."
Juhan voitonriemurallilla ei nopeusrajoitteita. Mim-
mien laulaessa yhtäaikaa nimensä luulin heitä re-
hellisesti päästä varpaisiin katsoessani kaksosiksi.
"Monika." Monikko. Samulihan alkoi taas juoda

oikein kunnolla ja huitas lasin tyhjäksi tuosta vaan ja tarjoutui ojentamaan auttavaa kättänsä.

"Tila-autossa tilaa rajoitetusti, mun syliin."
Juniorimaalivahtitaustastani on taas näköjään hyötyä enkä jää nojapuihin roikkumaan. Jään paikalleni.
Martin ärrävika riisuitui yhdessä paidan kanssa hänen siirtyessään istumaan kuten pallo taskusta housun vetoketjun kohdalle.
"Onks likoilla tupakkaa tai ylimäägräisiä kumeja?"
Limuon digitaalikello vilkkui aikaa siirtyen 16:01 aikaan 16:02 Juhan osoittaessa etusormella neuvovasti kosovolaista apinakuskia oikeaan osoitteeseen.
Takaosaston musiikki hiljenee stadionkuulutuksen tieltä.
"Pegrillä ollaan, ajoneuvosta vagrovasti nouse."
Ikuinen iskijä Martti.

AFTONBLADET-NIIKU

Ajattelin, että täytyyhän se ottaa selvää kuka on tuleva äitipuoli, vai mikä isäpuoli? Homohan se on ja kummaksi sitä nyt kutsuisi kun samassa kahvipöydässä sotilasmunkkia syödään. Lars Lars vittu mars mars kun ois jo, ajatukseni laukkaavat kuin karannut porolauma. Annoin hyväksyntäni isälle kun hän tästä ilotulituksesta kertoi suu ammollaan ja yskien - olisikohan jäänyt siemennesteestä kuivunut pala väärään kurkkuun. Hyi, hyttynen meinas imasta alkoholiveritipan minusta. Oishan se näky kun hyttynen lentelisi humalantuntuisesti huojuen kukasta kukkaan. Lenteli varmaan auton sisään etsimään uhriaan silloin kun Juha poltti ilotupakkaansa auton ikkuna auki ja luuvitonen leuhkasti ikkunan ulkopuolella. En antanut armoa ja painoin villasella sen lyttyyn ja veritahrahan siitä jäi silittämättömään hihansuuhun. Damn. Automatkalla oli tosiaan muutakin tekemistä kuin katella Rauta-Hannan ja Fabianin nuoleskelua Martin nylkyttäessä kuin karannut koira heidän kuumottaviin reisiinsä. Lars Henrig Scandia-nimisestä heppuhomosta oli näet isohko munajuttu stiftaamattoman keskiaukeaman suuruisesti.

Tämä raikuliripulipersepoikanen oli syntynyt liian iso hopealusikka hampaattomassa suussa kun lapsena piti saada tyttöjen luistimet ja kun jätti poikien hienhajuiset pukukopit taakseen vankan Malmö-sukuriidan painostuksesta huolimatta. Voitti jokusen teinilaulukilpailun, otti osaa Tukholman maratonille, ajoi homojen asiaa ja hamusi palstatilaa Ruotsin Voice of- laulukilpailun tuomaristossa. Semihomojulkkis niinkuin Suomessa sanottaisiin ja turhake sellainen. Äitipuoli, isäpuoli, rikas on hidas, isäni tietää sen. Mummonmarkkaa tällä Larsilla on kun omistaa Ruotsin yhden isoimman hotelliketjun, on osakas General nuuskamerkissä, ottaa suihin faijalta ja sponsoroi Ruotsin Tre Kronor -jääkiekkomaajoukkuetta ja isähän on leikkisästi imitoinut Chevy Chase -näyttelijää ja irwinfletchmäisesti kertonut, että ollaan Larsin kanssa suunnilleen samankokoisia.

SUOMALAISESSA KIRKOSSA - TAHDOTKO ASIAN

Tahdon, blaa blaa blaaa
Tahdon, blaa blaa, yskäisy
Haukotus
Agenttileija

PIKKUTUHMATUNNIT

Juha huutaa kuin meklari täpötäydessä ja ahtaassa huutokaupassa.

"Onks toi Mats Sundin?"
"Hei tuolla on Peter Forsberg."

Samuli hieraisee hiukan velttoa jalkoväliään ja korottaa tunnelmaa Juhan osoittaessa sormellaan rock-henkistä kuviota saavuttuamme juhlakalupaikkaan. Tönäisen kaksikkoa olemaan ihmissusiksi ja samalla kuuntelen faijan äidinomaista pillitystä.

"Ette käyny hakee pukuja ja voi helvetti minkä näköstä sakkia. Eiks Martti sanonu yhtään mitään?"

Isänpäivä ja hellitän housuissani turhan tiukasti kiinni olevaa tsekkiläistä.

"Hei pääasia, että ollaan täällä. Voiko ladata tän luurin jossain."

Martti ja muut ovat jo löytäneet nimellämme varustetun pöytämme ja usko pois: istuvat kuin varikset sähkövaijerin päällä näyttäen myös pienoisen elektricitetiskun saaneilta. Lars hivuttautuu vierellemme harmaantuneen kreikkalaisen isänsä kanssa ja tämä ojentaa minulle pikkukeksin.

"Jassu."

Saan sanottua kuin huonossa kotimaisessa antennitalouden kasaritelevisiosarjassa konsanaan "Tabascoa, maista."

Lars ojentaa kuin kuihtuneen ruusukimpun kouraani ja väsynyt huumorinkukkani aukeaa.

"Ai meinaat parantaa tabas-cos."

Poistun nolona ja vähin äänin kinkaten paikalta, keksin jäädessä vihlomaan takahampaaseen. Nielaisen ylpeyteni, joka katoaa kuin vesisade viemäriin saapuessani nimikkopöydän ääreen. Juha ja Fabian ovat täydessä ilotikissä löydettyään yhteistä sävelmää suht` hyvärunkoisista, seksikkäistä ja auringonhellimistä kaksosista. Musiikki paukahtaa salitilaan ja istuuduttuani meinaa paskat tulla housuun. Peitän vieläkin punottavat korvani vaikkakin on klassikosta kyse. Show must go on. Rakastunut aviopariskunta löytää tiensä juhlayleisön taputusten johdattelemana salin korokkeelle. Nyt ottaa eteen ja sitä Fabian koittaa minulle väkisin esitellä. Juhla kuin juhla ja tuo rakki on melkein aina juhlakunnossa. Pariskunta nostaa yhdessä kädet ylös kuin Ranskan ympäriajon paripyöräilyn voittajakaksikko. Miksaaja on huomannut sen ja laskee klassikon hissitaustamusiikiksi.

"Paljon kiitoksia kun saavuitte juhlimaan meidän kanssa."
Huudattavat juhlayleisöä kuin vihreiden puolue kunnallisvaalivoiton jälkihumussa.

"Täällä ei ujostella ja viinapiikki on auki yks kaks kolme nyt!"
Suklaapojat ne osaa juhlia ja asiat tärkeysjärjestykseen: tyhjä maha, huppeli, nousuhumala, känni, pimpparalli, käsi nojaten kaakeliin kusien ja saunan taakse.
Martti on ottanut osaa useaan juhlaan elämässään ja osaa myös viihdyttää voitonnälkäänsä. Minä, minä myös olen täällä. Nousen pöydästä ja lähden halaamaan kaikkia, jotka vain eteen sattuvat.

"Peter ja Mats."
Huutaa kuin Stallone Adriaaaaaan. Tietänette leffan loppukohtauksen. Sivustakatselijana muotinäytöksessä luulisi heidän olevan vanhoja tuttuja Martin mennessä, kuin röyhkeästi ruuhkaisessa kassajonossa ohi, ruotsalaisikonien väliin.

"Ladies."
Kohteliaan Martin unelma on aina ollut päästä nyrkkitappeluun lätkäpelaajan kanssa, jota muka kutsutaan kaukalon eikä rehellisesti neliön poliisiksi.
Ottaa miehiä reilusti olkapäistä kiinni. Käy istumaan ja ottaa laivalta hankitun Cohiban Robustos sikarin povitaskustaan.
"Tie Domi?" Tuijottaa Matsia kuin punnituksessa

olevat äkäiset puolialastomat gladiaattorit.

On herrasmiehiä ja on herrasmiehiksi, Peter laukaisee siniviivan takaa.

"Martti the greatest all time boxer from Finland," tarjoaa samalla tulta sikarille, ei munille. Kongi soittaa ottelun päätökseen Matsin heittäessä lätyn ja kaataen rennosti bourbonia paksun lasin piripintaan.

"It wasent close," Martin iloenkku jatkaa.

"Best icehokkey playegrs, kippis, salud!"

Elämä on ihanaa ja ihmeellistä kuin kaupunkilomalla rennosti kuuluisuuksien kanssa ilmaiseksi ryypätessä. Kiire on unohtunut liukuportaissa ja äkkiä lasit täyttyvät jo kolmansista, enkkusuomiruotsia kohtuuttomasti nauttiessa. Toisaalla sukulaiset ja ystävät vaihtavat nousukiiltotarinoitaan niin tanssilattialla kuin juhlakaluparin läheisyydessä. Istun edelleen Hannan kanssa leveästi pöydässäni ja nostaa punaviinilasia isäni ja Larsin kunniaksi. Samuli näyttää kiireiseltä laukatessaan luokseni. "Sun puhelin on soinu pari kertaa."

Otan luurini ja nousen rauhallisesti tuntien jalkojeni kantomomentin hieman pettävän.

Horjahdan ja otan reilusti tukea Samulista.

"Pikkuhorjahtelua." Hanna kommentoi kuin neurologian ylilääkäri.

"Autanko?" Samuli on mukava poika. Mites hänen äiti, onko mukava nainen. "Kiitos ei, kyllä mä pärjään," tuumaan ja tarkoitan. Siirryn metelistä eteen-

päin aina ulos asti ja jos silmät laittaisi kiinni niin
ihmisten puhe kuulostaisi valkoposkihanhiparven ja
rankkasateen yhdistävältä sorinalta. Odotan.

"Laila."
Vastaus kuulostaa kaukaiselta ja hennon pelokkaalta.
"Oi rakas, ihana kun sain kiinni." Annan parastani
ja kuulen kun naiseni itku alkaa täyttää jo valmiiksi
rätisevää linjaa.
"Mitä on tapahtunut?" Odottavan aika on liian pitkä.
"Näitkö uutisia? Täällä oli se terrori-isku." Sähkö-
kipinät nousevat jaloista aina kaulaani asti ja puhun
päälle.
"Näin näin mutta en yhdistänyt sinuun. Oletko
kunnossa, sielläkö se tapahtu, oletko kunnossa?"
"Olemme mutta ystäväni ovat kriittisessa tilassa."
"Rauhallisesti rakas, olet kunnossa."
"Olen."
Nojaan polviini ja jalkani antavat periksi.
"Tule äkkiä pois sieltä." En saa henkeä ja riuhdon
napitonta paidankaulustani. Linja alkaa myöhästellä
ja kuuluvuus heikkenee sakeaksi.
"Tulen……" Muusta en saa selvää kun linja katkeaa.
"Rakastan sinua." Hädissäni painan luurin kuvaa
vielä uudelleen." Numeroon johon yrititte soittaa ei
saada juuri nyt yhteyttä……"
Albiinominä saapuu kontaten kuin rapu takaisin
pöytään, johon ovat nyt liittyneet ruotsalaisikonit vai-
moineen: Martin, Samulin, Hannan, kaksosien, Juhan
ja Fabianin äänekäs ja tehokas ykkösketju. Pakko

nousta muiden tasolle ja imaisen vapisten pohjan-
maan kautta lasista, jonka makuhermoni tunnistavat
whiskyksi. Yskäisen kuin kuumeinen vuodepotilas
ja lasi tippuu lattialle lasinsirujen levitessä jalko-
jeni juureen. Herrasmiehet ottavat albiinon hihnatta
talutukseen ja auttavat vaivatta istumaan. Huokaisen
viinajälkihöyryt.
"Laila on kunnossa."
Olenko sen näköinen, että etsin naista illan viimei-
seen hitaaseen kun Peterin vaimo on huomaavainen
ja kuin huomaamattani olen jo tanssilattialla pää hä-
nen olkapäätä vasten. Naisen syli rauhoittaa minut.

"Hei Mats ja Peter."
Fabian on juttutuulella saatuaan alapäänuolla toista
kaksosista. Kaksoset ovat muuten kuokkavieraina
mukana juhlissa ja sehän sopii meille miehille.

"Tiedättekö mikä on Kekkeli?"
Ikonit kuuntelevat ympäripyöreästi.
"Niin Kekkeli."
Fabian pursuaa ylitietoa ja antaa paalua pesään.
"No isompi kuin kikkeli ja pienempi kuin mulkku."
Herään taas Guccin tuoksun hurmostilasta naurun
iloiseen duurin kolmisointuun, joka kantautuu ykkös-
ketjupöydästämme, jossa menopeli on kuin lef-
fasta Yksi lensi yli käenpesän korttipelipöydässä.
Liidämme Peterin vaimon kanssa salin parkettira-
dalta takaisin pöytään, kiitän häntä ja hymyilen
Peterille aidosti.

"Kekkeli." Mats äänekkäästi suomenkielen alkeis-kurssin aakkosia opiskelleena ja ojentaa minulle paksun lasin. Kohotan sen ylös ja pyydän samalla hetkellä kaikkia nostamaan perseet ylös penkistä.

"Isä ja Lars, paljon onnea ja menestystä."

Discotime, samppanja, parketti, känni, nojakusi taas ja reilusti yli puolen yön. Juhlavilttiketjuväki on hiljentynyt ja vähentynyt kuin keväällä viemäri-in valunut sulanut lumi. Kuuntelen ja istun jumissa juhlasalin lattialla. Nojaan seinää vasten heiluttaen samalla jalkojani auringon ensisäteiden valottaessa niitä. Fabian nukkuu vierelläni pois humalauntaan ilman väkivaltaisia unikuvia. Juha ja Hanna ovat taas aloittaneet "vaatteet pois ja kumpi ekana" -lääkärileikin. Hyvävointinen isäni istahtaa viereeni. Kaipa on hyvä viinapää tai sitten nauttinut kohtuu-della sieniä kun hääyön tuhmatunnit ovat kuitenkin edessäpäin.
"Hienoa, että olitte täällä."
"Äläs nyt, tottakai". Puren hammasta.
"Me lähdetään Larsin kanssa ja kyyti tulee kahden tunnin päästä viemään teidät lentokentälle."
Katson jumityhjyyttä eikä yhtään järkevää sanaa tule suusta.
"Äitisi on jo rauhoittunut ja me tulemme kuukauden päästä Suomeen. Sitten hei persejuhlat uudelleen, häh."
Halaan isää ja kas kas kop kop, kosovolaiskuskihan

se sieltä saapuu pirteämpänä nokkauniensa ansiosta.
"Mark hakee teidät tästä ja kato, että kaikki kanssa
nousee koneeseen."
Nousisin isäni kanssa mutta jumijalat ja sexybody
antavat luvan jähmettyä patsaaksi paikalleen. Martti
saapuu puuskuttaen kuin aamulenkin jälkeen hiestä
märkänä. Paita on ulkona housuista ilman pukuun
kuuluvaa Dressman pikkutakkia. Juttelevat isäni
kanssa mutta kun kuulo haihtui ilotupakin kanssa
salin kattoon niin en edes jaksa kuunnella. Muutenkin
korvissa soi metallimusaa. Martti herättää minut he-
visti, katsoen suoraan silmiini, ja on ilmeisesti anta-
nut kämmenen puhua tunnottomalle poskelleni.
"Et nuku nyt, pagri tuntia niin lähdetään, missä
Samuli?"
Martti nostaa minut ylös ja siirrymme pöytään istu-
maan. Vielä ottelutarmoa riittää kuin viimeiseen erään
ja hän kaataa paksut lasit täyteen ja pullon tyhjäksi.
"Juma, kova tyttö toi toinen, jakso vaikka niin tiukas-
sa lasti kuin ygrittäs hampailla avata makkagrapaket-
tia."
 Auh, toinen lätäri kaivaa tunnon takaisin poskelleni.
Käteeni nojaten kaadan lasin kitaani ja tunnen taas
oloni selvääkin selvemmäksi viljan valuessa hitaasti
ja aukaisten tiensä mahalaukusta peräsuoleeni.

Bräälllhäääbrurrurbluprs. Kalsariraitamärkäpieru
unohtumattoman hajun kanssa. Mistä toi tuhatpäinen
ja nälkäinen kärpäsparvi löyti minut taas? Vinkuva ja
lärpättävä ääni saa minut uudelleen pikku hutikkaan.

Samanlailla taisi käydä snookerin mm-kisoissa jossain päin maailmaa mutta sillä erotukselle, että Martilla tuli äänekkkäät löysät pöksyyn, joka rikkoin maagisen hiljaisuuden. Historia ei kerro mutta peli jouduttiin keskeyttämään putkivuodon aiheuttaman leijahajun takia.

RYANAIRBACK

Tervetuloa Ryanairin lennolle numero RA 6972 Tukholmasta Tampereelle. Ilman lämpötila on tällä hetkellä +14 ja kello on paikallista aikaa 8:45. Matka-aika on 50 minuuttia ja tarjoilemme tällä lennolla ruokaa ja juomaa. Lentohenkilökuntamme näyttää nyt hätäuloskäynnit ja muut turvallisuuteen liittyvät asiat. Täällä lentokapteeninne Jörän Pilotgare. Hauskaa matkaa.

"Täh, mitä toi sano tuolla, saanu mitään selvää, saaks täällä bisseä vai?"
Istun kuin istunkin lentokoneessa Fabianin hönkäillessä korvaani ja kuuntelen hyvin rätisevää ja epäselvää selostusta nyt vissiiin vielä toistamiseen eri kielellä.

"Taitaa saada," vastaan äreästi vaikka ei tekisi pahaa lohkaista yksi ohranen kun siellä homolandiassa oli tarjolla sitä kakkoseen menevää menovettä, johon tämä porukka ei koske. Meteli on kuin lastentarhan hiekkalaatikolla Martin ja Samulin kukkoillessa kuinka hyviä runkopatjoja ne kaksoset monikossa olivatkaan.

"Saiks Samuli muka siltä toiselta."
Fabian kateellisena kuin naapurikateus, jossa kiistellään kummalla meistä on parempi ja tuuheampi nurmikko.
"Oliks posliini?"
Fabian takajaloillaan kuin iltakeksipalaa pyytävä kuolaava rakki, joka vinku vastausta Samulilta. Rock-henkinen vastaus pikkurockarilta, eli käsimerkki ei jätä Fabianin niin sanottuihin koiran aivoihin muuta vaihtoehtoa kuin pyytää lisää keksiä.

Isäntä Martti.
"Istu Shit."

Fabianin uusi ilman hoitoainetta oleva habitus näytti muuten Vaahteramäen Eemelin tukkapöllöltä Martin käskyttäessä rakin istumaan takaisin paikalleen. Lentohenkilökunta aloittaa pantomiiniesityksensä ja onneksi otin käytäväpaikan. Tapana on ollut antaa niin pojia kuin touchdownejakin esityksen sulavuudesta, kestosta, jalkojen pituudesta, kasvoista ja tietenkin notkoalaselästä pyllyyn! Ryanairin lento-tyttöset keskiarvolla neljä ja puoli ja ei tällä kertaa seitsemän parhaan lentoemäyhtiön joukkoon.

"Ei jatkoon."

Martti tuomariston päämiehenä ja pantomiimilen-
toemojoukkuekisan kehittäjänä.

Koneen moottorit alkavat hiljalleen nostaa tehojaan
tuntuen kourivina pakaroissamme.
Kaivan etutaskustani purukumin suuhuni jos vaikka
auttaisi, että ei menisi korvat lukkoon koneen noust-
essa ilmatilaan. Paskat, annan sen Fabianille, koska
muuten hän hätäkakkisi lattialle.
Kerto mulle pirisienipäissään että, joskus kun pik-
ku-Fabian oli ollu vanhempiensa kanssa menossa
johonkin, ei nyt muista mihin, niin oli tuntunut kuin
olisi ollut veden alla hukkuneena koko lentoajan, kun
hörövaikkukorvat olivat lukossa. Nyt täristää ja lenn-
oilla mieleeni tulee aina motelli jenkkilässä: kolikko-
moottorisängyssä naiseni kanssa ja tasaisen tappava
nousu yläilmoihin tuntuu kasseista siemensyök-
syyn. Helpottunut muistiolotila antaa luvan aukaista
turvavyön ja painan paneelissa olevaa kutsu lentoemo
-kuvaketta. Ekan saatuani ohras liukenee sulavasti
ikeniin. Parin tuokkosen jälkeen sattuu jos taivaalta
tiputaan korkeudessa. Hilpeissä tunnelmissa Fabianin
kanssa koitamme avata sandleipää kelmustaan. Martti
taas on varmaan vetänyt leivän kanssa sinisen, koska
kiima ei ole jäänyt nyrkkeilykehään vaan Rauta-Han-
nan rinnoilla olevat kädet tekevät ahkerasti töitä.
Silmät kiinni kuin Psykossa huomaamme Rauta-Han-
nan istuvan ilme ja kädet taivaassa Martin päällä.
Onkohan tytöllä hilloviikot kun mielialat ja miehet
ovat vaihtuneet kuin eurosta dollariin Forexin valuut-

tavaihtopisteessä. Kurkistamme kuin salaa oven
raosta tätä kymppikerhon jännäriä.

"Ota kuva, ota kuva." Fabian paparazzifreelancer-
toimiston päällikkönä.
"Äkkiä nyt!"
Vanha omenani on salamana kädessäni ja valoitus
+yksi täydellinen.
Hei seiskapäivää magazinesta ja 50 euroa taskuun.
Naps naps. Snapsi.

Kankea alaslasku pilvien päältä alkaa ja tärisyttää
kankeita kroppiamme. Olemme kuin koiravaljaissa
kiinni oleva joukko, joka ei ole päässyt ulos vähän
aikaan. Korvat taas umpilukossa mutta silti kuu-
len Martin miehisen murjaisun. Taitaa käsi hoitaa
draamallisesti loppuun alkaneen kymppijännärin.
Henkilökunta yrittää ennen koneen laskua irrottaa
Hannan, ohjata paikalleen ja lopettaa tämä kliimaksi.
Pling. Rätisevän väsynyt kuulutus ilmoittaa kahdella
eri kielellä.

"Tampere ja kiitämme Ryanairin puolesta. Tervetuloa
uudelleen lennoillemme."

TAMPEGRE - SAIGON 72

Aamuyö tuntui hiljaiselta ja alkoi auringon paisteen
voimasta pudotella vesipisaroitaan sotilasteltan
kangaspinnasta suuhuni. Ei kuin naisen otsasta, joka
esteratsastaa uusintakierrostaan päälläni vielä mui-
den nukkuessa vahtivuoroitta. Voi pojat, vedän naisen
rinnalleni ja näen likaisen sukkajonon viritettynä
teltan veltoista naruista, jotka oli tehty bambun oksis-
ta. Edellinen yö oli mennyt patikoidessa suoalueilla
moskiittojen imiessä vertamme läpimärän paidan läpi
etsiessämme Vietkongin sala-ja palkkamurhaajia.
Siirrän naisen päältäni ja astun ulos teltasta usvaiseen
yösateeseen ja kuumaan viidakkoilmastoon. Hiljainen
tuulikello kertoo pohjoisesta tuulesta, jonka mukana
nenäkarvani aistivat tuoreen ruudin ja veren tuoksun.
Vierelleni nojautuu hyvä ystäväni Uudesta-Seelannis-
ta, joka halusi komennuksen tänne ennen minua. Kun
minä saavuin pataljoonaan jaoimme siltä istumalta
pikkukylien "vinosilmävarmastisaanaiset." Naiset
antoivat ylistävät lempinimet meille molemmille ja
olemme hyväksikäyttäneet niitä koko tämän ajan

täällä. Isomuna Leftyt. Voi pojat. Otan suuhuni paperiin käärityn kuusisenttisen marisätkän ja saan tulta my best ystävältäni. Jaamme naiset ja pajarit kunnes ratkiriemukas, sumukas hetkemme katkeaa sala-ampujan luotien vihaltäessä läpi viidakon ja tiheän puualueen, aina viidensadan metrin päästä pohjoista tuulta, kaksi metriä sekunnissa, yksi napsu oikealle. Ensimmäiset kennedyt osuvat käsivarsiimme katkaisten ne irti lihastaan jääden roikkumaan rustostaan. Sitä ei tunne. Toiset kennedyt vinkuvat vihaisesti ohitsemme ja aivotajunnassa tapahtui marisätkän lisäksi huimauksen tuntu. Tappavat kolmannet kennedyt läpäisevät kaulavaltimomme tunkeutuen ja halkaisten suonistomme ja murskaten niskasta tilaa repien nahkaa luodin ympärille ja suhahtaessaan neljänkymmenen metrin päässä olevaan vesisuihkupisteessä olevaan pyllysaippuaan. Käsikädessä my best ystävä ja minä kaadumme päät rotkottaen kuolemaan.

"Hei jäädään pois nyt, herää, muut meni jo."
Samuli rummuttaa mahaani ja havahdun vasen silmäni rähmien.

"Joo, nähdään ja tulen tulen."

PERSEJUHLAAN

Tuoppi ja pöytä tyhjä. Aurinko edelleen etelässä. Astun ulos sateeseen ja havaitsen sateenkaaren.
Hoi, olinpas epäkohtelias. Kohotan käteni suulleni ja huudan kovaa muille, jotka hiipivät aavemaisesti minulta karkuun.
"Odottakaa nyt!"
Vaimoni ylittää sunnuntaimarkkinoiden ihmisistä ja ihmisten kaiken karvaisista ystävistä olevan täyden kävelykadun ja juoksee luokseni. Hänen välittömässä perässä tulee lapsuudenystäväni Lefty. Suomalainen Lefty. Hänen kanssaan oli tarkoitus kuvakäsittää pehmispornoa heti kunhan saan ne neppiautot varikon kautta talviteloille. Suoraselkäinen härkähoroskooppimies. Hän auttaa säteilevää äitiäni työntäen hänet pyörätuolissa luoksemme. Sade on jo ehtinyt kastella hiukseni niinku sillain pörrölleen vai lähdinkö sittenkin aamulla kotoani toinen jalka haudassa. Vaimollani on onneksi sateenvarjo, jonka alla suutelemme.
"Me jäädään rivariin asumaan."
Nostan naiseni itseriemusta ilmaan kuin ilmapallon,

joka ei pääse karkaamaan narustaan. Pidän muuten kovasti kiinni ja pyörimme ympyrää kuin karusellissä mutta ilman hattaraa. Lento katkeaa leikkisästi tekonauruun kuin olisimme vasten tahtoamme peilitalossa.

"Niin mites sen tontin?"
Lefty kiristää otsaansa ja äitini nostaa sormen ylös kuin ylinäsäviisas oppilas toisen vieraan kielen tunnilla. Keskeytän yhtä nopeasti kuin kätilö toista tuntia kestäneen synnytysharjoituksen.

"No niin otetaan muut kiinni, faijan persejuhlat alkaa kohta."
Siirryn kärppänä äitini taakse ja otan pyörärullatuolitilanteen miehekkäästi haltuuni. Nostamme velttoa kytkintä ja saavutamme muita metrimetriltä hellivän rakastavan olotilan avatessa minussa tunteen kuin olisimme sittenkin taas menossa hermona alaluokilla odotettuun koulun kevätjuhlan päättäjäisiin, jossa on suvi suloinen.

VAI ONKO!? TULLA VAI TULLAMORE D.E.W.

"Hei oikeesti, äläs nyt!"

"Hyräile kulta sitä poronkusemaa, jookos."

"Onkos teillä vipata pikkurahaa tai tupakkaa?"

"Älä jumalauta koske siihen, painu vittuun nyt!"

"Hei rakas, odota!"

"No niin, nyt tippu sun pukuski maahaan."

"Perkules, no mitäs tuosta, mennään taas paskasissa kuteissa sitten."

"Tunsitko ton juopon joka tossa kävi?"

PORONKUSEMA

Kiitokset:
Tarja "Murkku" Jernvall,
Leena "Lieppo" Huttunen, ravintola Ol-
din henkilökunta ja persoonalliset kan-
ta-asiakkaat, soittokaverit neljältä
vuosikymmeneltä ja kaikki tutut, jotka
ovat rikastuttaneet elämääni
vuosien varrella.

Hude. Ughi.

MUTTA SE ON SELVÄ

Mutta se on selvä, että tarinan anteek-
sipyytelemättömät kommellukset jatku-
vat yhtä varmasti kuin tiukkaa rakkoa
ärsyttävä ja pöntön reunoille paiskautuva
lorinapissa, joka katkeaa peräsuolen
pierun ensimmäisen aivohermon hajuais-
timukseksi tukkoisessa ja turvonneessa
nenässä. Raapustan sen "sormet läpi
meni" -meiningillä Lotus Soft Embolle
samaan tyyliin kuin Poronkuseman ja
siitä jatkuu kaunistelematon seikkailu.

MIKÄ ÄRSYTTÄÄ MELKEIN....

Niin tai sitten kun olet voimakkaasti leikkaamassa kovettunutta ja pari päivää pussissa yliseisonutta tummaa ruisleipää ja kuitenkin liian tylsä kaverilta saatu yleiskeittiöveitsesi viiltää verta valuttavan haavan ja toinen kysyy tyhmiä.